W0301851

Liebe Buchhändlerinnen und Buchhändler,
liebe Rezensentinnen und Rezensenten,

aus der Romanwerkstatt, besser gesagt: aus dem Lektorat, kriegt man selten etwas zu sehen, aber in diesem Fall möchten wir Ihnen die ersten Kapitel eines Familienromans zu lesen geben, der noch in Arbeit ist. Monika Zeiner, 2013 mit ihrem Debüt ›Die Ordnung der Sterne über Como‹ auf der Shortlist des Deutschen Buchpreises, hat fast zehn Jahre an ihrem zweiten Buch gearbeitet, und am 12. September 2024 wird es erscheinen. Ursprünglich angeregt durch die Geburt ihrer beiden Töchter und die damit einhergehenden Fragen nach Herkunft und Weltaneignung, Bewusstsein und Familie, schreibt sie über Kindheit und Erziehung vor dem Hintergrund der deutschen Geschichte. Sie musste dafür bis ins Kaiserreich zurückgehen: bis zur Erfindung einer Schulbank, die im Roman immer wieder eine Rolle spielt.

Obwohl Sie hier also erst den Anfang des Romans in den Händen halten, können Sie sich schon jetzt ein Bild machen, und wir sind überzeugt, dass es sich lohnt. Dieser Roman holt weit aus, geht in die Tiefe, ist reich – an Figuren, Geschichten und Nuancen, Stimmungen und Psychologie.

»Vielleicht müsste die Geschichte bei den Kindern beginnen«, heißt es im Buch. Aber die Reise dieses Romans zu den Leserinnen und Lesern beginnt bei Ihnen. Bitte lesen Sie!

Mit herzlichen Grüßen

Ulrike Schieder Alexander Fest

Alle Figuren, außer den bekannten der Zeitgeschichte, sind frei erfunden. Auch die Geschichte der Schulmöbelfirma ist fiktiv.

FSC
www.fsc.org
MIX
Papier | Fördert gute Waldnutzung
FSC® C083411

© 2024 dtv Verlagsgesellschaft mbH & Co. KG München
Gesetzt aus der Garamond
Satz: Uhl + Massopust, Aalen
Druck und Bindung: CPI books GmbH, Leck
Printed in Germany · ISBN 978-3-423-28424-0

Monika Zeiner

Villa Sternbald
oder
Die Unschärfe der Jahre

Die ersten neun Kapitel des Romans

dtv

Für C. und J.

1

Ich war lange Zeit nicht mehr in der Villa Sternbald gewesen, aber ich hatte sie mir oft vergegenwärtigt, als müsste mir die Erinnerung etwas zeigen, das bisher verborgen gewesen war. Das Haus hatte ich dann immer aus der Perspektive des vom Tor Hinaufblickenden vor Augen gehabt, sodass es merkwürdig filmkulissenhaft gewirkt hatte. Der Garten war mir räumlicher vorgekommen, als stünde ich jetzt noch unter den Bäumen, wo die Jahreszeiten und Jahre ineinander verschwammen: das Flimmern der Schatten streuenden Blätter, die sogenannte Bauernwiese mit den blühenden Obstbäumen, das hinter Wildrosen versteckte Bienenhäuschen meines Urgroßvaters Jean, der vielfarbige Ahorn, die von Schnee nachgezeichneten Zweige im blauen Winterhimmel, der Bogen des Rasensprengers, in den ein Kind barfuß hineinläuft im Morgenlicht, während der glitzernde Fächer aus Nebel sich langsam hebt und ich erwachsen geworden bin.

Ich kam mit der Abenddämmerung an. Sanftleben, der Gärtner, hatte mich nicht abholen können, weil er wegen der Feier andere Gäste abholen musste, was mir nichts ausmachte, denn obwohl ich ihn mochte, war ich lieber mit der Bahn von Nürnberg nach Gründlach gefahren, da es mir das Gefühl gab, schneller wieder wegzukönnen. Ich hatte am Telefon gesagt: »Kein Problem, Mama, ich fahre sowieso lieber mit der Bahn«, aber sie hatte mich gar nicht gehört und sich dreimal dafür entschuldigt, dass Sanftleben keine Zeit habe.

Als ich durch das Tor mit dem gebogenen Schriftzug *Sternbald* ging und zur Villa hinaufsah, ließen die letzten Strahlen der

Sonne für einen kurzen Moment die obere Fensterreihe aufblitzen, sodass ich geblendet wurde, als wollte das Haus mich fotografieren, um mich festzuhalten auf einem Bild. Dann schoben sich Wolken vor die Sonne, die Fenster wurden dunkel, und es begann wieder zu schneien. Ich blieb beim Tor stehen und dachte, dass ich jederzeit umkehren könnte, noch hatte mich ja niemand gesehen. Andererseits wusste ich nicht, wohin ich stattdessen fahren sollte, schließlich hatte ich meiner Freundin versprochen, dass ich nach meiner Rückkehr sofort ausziehen würde. Sie hatte in ihrem Zimmer gesessen, dessen Tür einen Spaltbreit offen stand, und sehr schnell auf ihr Notebook eingetippt, während sie sich von Zeit zu Zeit eine Strähne aus dem Gesicht blies, die sich aus ihrem hochgebundenen Haar gelöst hatte. Als ich anklopfte, schien sie zu erschrecken, aber sie tippte sofort weiter, wollte offenbar nicht gestört werden. Also blieb ich in der Tür stehen und wartete.

»Was ist?«, fragte sie.

»Ich fahre morgen doch zu der Feier. Wenn ich zurückkomme, suche ich mir eine Wohnung.«

Sie sah mich an, dann sah sie wieder auf den Bildschirm. »Du erwartest sicher nicht, dass ich mitkomme.«

»Nein«, sagte ich, »nein, nein.«

»Gut«, sagte sie. »Vielleicht ist es gut, dass du hinfährst. Vielleicht kannst du etwas abschließen.«

Und ich hatte mich gefragt, was sie mit *etwas* meinte.

In der Villa gingen die Lichter an, zuerst im unteren Stockwerk, dann nach und nach oben. Das Haus schlug seine Augen auf, aber noch immer konnte ich umkehren, denn das Haus würde schweigen, wie es stets geschwiegen hatte, dachte ich und holte den Tabak aus der Jackentasche, drehte mir eine Zigarette, zündete sie an und stellte meinen Kragen auf, da die Schneeflocken auf meinen Kopf rieselten wie Styroporperlen. Die hellen

Fenster beleuchteten den wirbelnden Schnee, der mir unwirklich erschien, als schneite es wie im Innern einer Schneekugel, während überall sonst Frühling herrschte. Es sah fast aus, als schneite es aus den Fenstern des Hauses, und ich dachte: Umkehren, zurückfahren, nach Nürnberg und dann weiter nach Berlin, in irgendeiner Bahnhofsabsteige ein Zimmer nehmen, was immer noch besser wäre, als in dieses Haus zu gehen. Und natürlich wären auch meine Eltern erleichtert, wenn ich nicht käme, und der Großvater würde mein Fernbleiben sowieso nicht bemerken, weil er seit Jahren, in eine karierte Wolldecke gewickelt, gar nichts mehr bemerkte, sondern nahezu reglos im Rollstuhl saß und schweigend vor sich hin lächelte, was auch immer um ihn herum geschah.

Schon als ich am Berliner Hauptbahnhof in den ICE gestiegen war, hatte ich meinen Schritt bereut. Ich ärgerte mich, dass sie mich überhaupt wieder eingeladen hatten. Wahrscheinlich waren sie davon ausgegangen, dass ich ohnehin nicht kommen würde, da ich auch zu den letzten Geburtstagen meines Großvaters nicht gekommen war, sondern mich wegen irgendwelcher Verpflichtungen stets kurzfristig und der Ordnung halber entschuldigt hatte – am Hundertsten hatte ich einen Zahnarzttermin gehabt, am Hundertersten war ich auf Mallorca gewesen, um eine Fernsehserie für das ZDF zu drehen, am Hundertzweiten hatte ich aus psychosomatischen Gründen, wie meine Freundin angenommen hatte, mit Fieber im Bett gelegen, und ich war ja selbst überrascht, dass mir diesmal keine Ausrede eingefallen war. Ich hatte mich am Morgen von Ele verabschiedet, als wäre es für immer.

»Du fährst wirklich?«, hatte sie gesagt,

»Klar«, hatte ich geantwortet und gehofft, sie werde mich zurückhalten. Ich hatte ihr einen Kuss auf die Stirn gedrückt wie ein Vater, der seine erwachsene Tochter zum Abschied küsst.

Als ich aus der Gräfenbergbahn gestiegen war, schneite es. Abgesehen vom wiederkehrenden Pfeifen eines Vogels war es ganz still, seit der Zug in die weiße Ferne davongefahren war und sich im Wirbeln des Schnees aufgelöst hatte. Ich beschloss, durch die Unterführung auf die andere Seite des Bahnsteigs zu gehen und mit dem nächsten Zug nach Nürnberg zurückzufahren, aber als ich über den Bahndamm und die blühenden Obstbäume und das Einkaufszentrum hinweg zum Kirchturm der Ortschaft sah, der mit seinem roten Ziegeldach spielzeughaft vor einem der Hügel aufragte, bemerkte ich aus dem Augenwinkel am anderen Ende des Bahnsteigs eine Frau. Sie war im Schneetreiben nur undeutlich zu sehen, langes helles Haar, und trotzdem glaubte ich, sie zu erkennen, folgte ihr, ohne nachzudenken, aber als sie sich in der Unterführung kurz zu mir umwandte, sah ich ihr Gesicht, das fragend und etwas erschrocken schien, und ich sagte: »Entschuldigung, Sie haben mich an jemanden erinnert.« Dann war ich, anstatt nach Nürnberg zurückzufahren, in die Ortschaft hinein- und den steil ansteigenden Sebalder Weg hinauf bis zur Villa Sternbald gegangen. Ich war niemandem begegnet.

Langsam entfernte ich mich von dem Kiesweg, der zur Villa führte, und ging unter den blühenden Obstbäumen in den Garten, im Flirren der Schneeflocken, die von den wehenden Blütenflocken kaum zu unterscheiden waren, und vielleicht war es dieses Überlappen der Jahreszeiten, das auf einmal einen längst verschwundenen Tag in meine Erinnerung zurückholte, einen Tag, an dem sich eigentlich gar nichts ereignet hatte, nichts, was man in einer Chronik festhalten könnte, außer dass ich glücklich gewesen war. Ich spürte ein Zittern hinter den Pupillen, eine Unschärfe, wie sie entsteht, wenn die Augen die Brennweite verändern, der Blick sich weitet und das Naheliegende verschwimmt, oder war es das Wirbeln des Schnees, das sich in meinem Kopf fortsetzte und die Zeiten durcheinanderbrachte?

Auch an jenem lange vergangenen Nachmittag, der mir plötzlich so deutlich vor Augen stand, als läge er nicht bald dreißig Jahre, sondern erst eine Stunde zurück, hatte es im Garten der Villa Sternbald von den Bäumen geschneit, Blütenschnee, der auf mich herunterrieselte, während Klavierklänge aus den geöffneten Fenstern wehten, und ich hatte mir vorgestellt, Katharina spielte nur für mich. Sie hatte vom Flügel aufgesehen, ohne mich wahrzunehmen, als ich in der Terrassentür stehen geblieben war, und weitergespielt. Erst nachdem sie ihr Stück beendet hatte, stand sie auf, kam zu mir herüber und zupfte die Blütenblätter von meinem T-Shirt, eines nach dem anderen, konzentriert, wie vorher beim Klavierspielen, und sehr ernst: Er liebt mich, liebt mich nicht, liebt mich, nicht.

Jetzt gingen im Haus einige Lichter aus, zuerst in den oberen Stockwerken, dann unten, als schlösse es seine Augen. Du bist also doch glücklich gewesen, dachte ich, und trotzdem kommt es dir vor, als hätte das alles ein anderer erlebt. Oben vor dem Eingang sah ich eine Gestalt, die die muschelförmige Außentreppe hinunterging und in einem der Nebengebäude verschwand. Ich wartete, bis der Gärtner, dessen hohe, leicht gebeugte Silhouette ich trotz des immer dichter werdenden Schneefalls sofort erkannt hatte, wieder auf dem Kiesvorplatz erschien, die Treppe hinaufstieg und vom Haus verschluckt wurde. Es riss das Maul auf und verschlang ihn, wie es auch mich verschlingen würde, dachte ich und ging weiter, an den Holunderbüschen vorbei, den Hollerbüschen, wie man hier sagte, unter denen ich manchmal eingeschlafen war, während ich auf den heiligen Sebald gewartet hatte, die Blüten hatten im Mondschein geleuchtet wie Lichter. Du musst umkehren, dachte ich, aber ich ging weiter, und als ich zum Haus hinaufsah, das nun vollkommen dunkel dalag, wie unbewohnt oder schlafend oder tot, kam es mir trotz der Erinnerungen wie eine Lüge vor, dass ich hier meine Kindheit verbracht haben sollte. Es waren nur einzelne Momente, die aus der Vergangenheit aufblitzten, aber das, was die Ereignisse zu einer Geschichte, zu *meiner* Geschichte, verknüpfte, die Schnur, an der die Augenblicke aufgereiht waren, fehlte.

Man öffnete mir die Tür. Das Hausmädchen, fast tatsächlich noch ein Mädchen mit einem blonden Pferdeschwanz und großen Augen, kannte mich nicht, aber da tauchte bereits meine Mutter aus dem Zwielicht der Eingangshalle auf. Ich meinte zu sehen, dass sie kurz zögerte, als müsste sie überlegen, wer ich war, oder als hätte sie jemand anderen erwartet. Ihre Enttäuschung war unter dem strahlenden Lächeln kaum zu erkennen.

»Nikolas!«, rief sie schon von Weitem, und ich dachte, vielleicht freut sie sich ja wirklich. Wir umarmten uns, indem sie leicht meine Schultern berührte, sodass ich ihr Parfum roch, das sie seit meinen Kindertagen immer von meinem Vater zu Weihnachten geschenkt bekam. »Gut, dass du schon da bist, wir haben Stromausfall«, sagte sie mit ihrem leichten Münchner Akzent, »ausgerechnet heute Abend! Hoffentlich hattest du eine gute Reise?«

Aber noch bevor ich antworten konnte, hatte sie sich an das Hausmädchen gewandt, um ihm zu erklären, wo die Kerzen zu finden seien, und ich dachte, dass sich meine Mutter gar nicht verändert hatte, auch wenn ihr Haar inzwischen nicht mehr gefärbt war, sondern als eisig graue Welle bis zu den Schultern floss, was zu ihrem dunklen Teint passte und doch gefärbt wirkte. Eigentlich sah sie seit meiner Kindheit gleich aus, wohingegen ich vermutlich sehr alt geworden war. Es muss seltsam sein, das eigene Kind altern zu sehen, dachte ich.

Meine Mutter sagte: »Schade, dass Ele nicht mitkommen konnte. Aber immerhin bist du mal wieder da. Ivona bringt dich nach oben. Es wäre schön, wenn du mir dann mit den Kerzen helfen könntest.«

»Klar«, sagte ich und folgte Ivona die Treppe hinauf, nachdem ich durch die offene Tür einen Blick in den Salon geworfen hatte, wo einige Gäste herumstanden und der Flügel die schimmernden Zähne sehen ließ. Ich betrachtete Ivonas Pferdeschwanz, der bei jedem Schritt pendelte, während ich hinter ihr an all den Fotografien vorbei nach oben ging, als ginge ich weit in die Kindheit und die Zeit zurück.

Ich sagte: »Wie halten Sie es hier nur aus?«

Worauf Ivona lachte wie über einen Scherz und mich in eines der Gästezimmer führte. »Wie lange bleiben Sie denn?«, fragte sie.

»Ungefähr ein Jahr.« Und als sie ihren Kopf etwas neigte, als hätte sie nicht richtig gehört, sagte ich: »Nein, nein, Spaß. Ich bleibe nur übers Wochenende.«

2

Als ich am nächsten Morgen aufwachte, wusste ich nicht gleich, wo ich war. Der Moment der Leere, bevor die Gedanken ins Bewusstsein heraufdämmern, schien länger zu dauern als gewöhnlich, und ich versuchte, ihn noch etwas auszudehnen, bis ich die Augen öffnete und die mintfarbene Stuckdecke mit dem feinen Riss in der Ecke sah, darunter den cremeweißen Vorhang, hinter dem sich das Fensterkreuz abzeichnete. Ich war froh, dass sie mich nicht in meinem ehemaligen Kinderzimmer einquartiert hatten, so war ich ein Gast wie alle anderen. Auf dem Mahagonitischchen stand ein Strauß orangefarbener Tulpen, wie ihn alle Gäste sicherlich im Zimmer stehen hatten, dachte ich und schloss wieder die Augen.

Ich versuchte, mich auf die Geräusche zu konzentrieren, die direkt aus meiner Kindheit zu kommen schienen. Damals hatte ich mir eine besondere Fertigkeit im Hören angeeignet, wann immer über mich ein Stubenarrest verhängt worden war, weil ich mit meiner Wut aus dem Nichts heraus, wie sie es nannten, den Bogen wieder mal überspannt hatte. Ich hatte die Ohren aufgesperrt wie Grammophontrichter, die das kleinste Rauschen verstärkten, ein Tuscheln, Schritte auf der Treppe, das Summen eines Staubsaugers tief unten im Haus, und hatte mich wie lebendig begraben gefühlt, während um mich herum alles weiterging, als hätte man mich vergessen – ein Zustand, der glücklicherweise nie besonders lange anhielt, weil sie nicht nur mich, sondern auch ihren Erziehungseifer immer schnell wieder vergaßen.

Manchmal hatte ich mir vorgestellt, ich wäre nicht ich, sondern eines der vielen traurigen Kinder, die auf den Fotografien im Treppenhaus versammelt waren, eine jener puppenartigen Gestalten, die in schalenhaft gestärkten Kleidern steckten und mit weit aufgerissenen Augen in meine Gegenwart hereinsahen, wie fragend, was noch kommen mochte – der melancholische Jean etwa, mein Urgroßvater, der vielleicht in demselben Zimmer im Bett gelegen hatte wie ich, nur hundert Jahre früher, mit seinem viel zu großen Tropenhelm. Später hatte ich mich gefragt, wann es eigentlich Mode geworden war, beim Fotografiertwerden zu lächeln, während es lange Zeit offenbar eine todernste Angelegenheit gewesen war, vielleicht weil sich nicht weniger als die Vergänglichkeit manifestierte in jenem festgehaltenen und doch gleich wieder verschwundenen Moment.

Ich hörte Klaviertöne, schräge Akkorde, als drückte ein Kind auf die Tasten, dann Stille. Ein Auto, das die Auffahrt herauffuhr, gedämpftes Knirschen der Kiesel, ganz entfernt das Rauschen der Eisenbahn, die seit dem 19. Jahrhundert Nürnberg, die

Stadt der Reichsparteitage, mit der Fränkischen Schweiz verbindet. Dann wieder Stille.

Der Abend war sonderbar gewesen, ohne Licht, denn es war Sanftleben nicht gelungen, die Stromversorgung wiederherzustellen. Der Schein der Kerzen vermischte sich mit dem Mondlicht, das durch die hohen Fenster einfiel. Vielleicht hatte auch deshalb eine aufgekratzte und etwas alberne Stimmung geherrscht, und kurz überlegte ich, ob meine Mutter den Stromausfall nicht inszeniert hatte, um ihren Gästen, die bereits am Vorabend der eigentlichen Feier angereist waren, etwas Außerordentliches zu bieten, aber davon abgesehen verlief alles wie immer. Mein Vater schlief nach dem Essen ein, was alle ignorierten, als würde er einfach nur etwas schief und mit geschlossenen Augen in seinem Sessel hängen wie ein zerknautschtes Kissen. Er hatte sich genau wie meine Mutter kaum verändert, dachte ich, das dichte graue Haar, die dunkle Hornbrille, die sie ihm ausgesucht hatte, damit er künstlerischer oder intellektueller wirkte, und wie immer, wenn ich ihn so schlafen sah, im Sessel, tat er mir leid, als wäre es etwas Bemitleidenswertes zu schlafen, dabei war es doch eigentlich beneidenswert.

Beim Essen hatte mich eine meiner Cousinen in eine Gesprächspause hinein gefragt: »Was schreibst denn gerade, Niki?«

Alle schauten mich an, sodass mir nichts anderes übrig blieb, als zu sagen: »Eine ZDF-Serie über einen rechtschaffenen Tierarzt, der sich in die arrogante Tochter eines Gestütsbesitzers verliebt.« Aber die Serie werde abgesetzt, schlechte Quoten, ich hätte jetzt mehr oder weniger nichts zu tun und sei wieder zu Hause eingezogen.

Woraufhin meine Cousinen kicherten und meine Mutter sagte, ich hätte bei den Hofer Filmfestspielen einen Preis für ein Drehbuch gewonnen.

»Aber das ist doch schon fast zwanzig Jahre her, Mama.«

»Aber es stimmt doch«, sagte sie. Neben mir sitze übrigens Herr Dr. Achaz, der ein Dichter sei und zurzeit bei uns im Haus lebe und arbeite und auch einen Preis gewonnen habe, den Kranichseer oder Kranichberger Nachwuchsliteraturpreis, ich verstand den Namen nicht genau. Der ungefähr fünfzigjährige Nachwuchsliterat sprach den ganzen Abend so gut wie kein Wort, was ihn sympathisch machte, drehte eine dünne Zigarette nach der anderen und reihte sie neben seinem Teller auf. Er hatte schwarzes, an den Schläfen ergrautes Haar, das vorn schütter war und hinten bis auf die Schultern hinabfiel, und trug ein abgeschabtes Jackett. Er sei Kulturwissenschaftler, erklärte meine Mutter, und kuratiere die firmeneigene Ausstellung über die Geschichte der Schulmöbel, die die Schul- und Funktionsmöbelfabriken Finck GmbH & Co. KG (ehemals Stein) anlässlich des 125-jährigen Betriebsjubiläums im kommenden Jahr zeigen wollten.

Nach dem Abendessen spielte Achaz, der zudem ein hervorragender Bratschist war, mit meiner Mutter und einem langen, dünnen Pfarrer namens Weinreb, der ein Cello zwischen die spitzen Knie geklemmt hatte, Schubert-Trios. In einer der Satzpausen stand ich auf. Alle wandten den Kopf zu mir, außer meinem schlafenden Vater. Meine Mutter und ich blickten uns unverwandt an (bizarre Wortfügung, dachte ich), und ich spürte, dass dann alle beobachteten, wie ich mir eine Zigarette drehte, als wäre dies ebenso interessant wie ein Schubert-Trio oder als erwarteten sie eine Ansprache oder Enthüllung – oder eine Unterstellung, wie meine Eltern es zu nennen pflegten. Aber ich sagte nichts, drehte schweigend die Zigarette. Erst als ich damit fertig war, sagte ich: »Gibt es hier irgendwo einen Aschenbecher?« In diesem Moment erwachte mein Vater. Er nickte in die Runde, nahm seine Hornbrille ab und putzte sie mit einem Taschentuch.

Später befragte mich eine Dame mit leicht hervorstehenden Augen namens Frau Dr. Grimm, auf die der akademische Titel ihres Mannes wie eine ansteckende Krankheit übergegangen war, zu jener im ZDF gezeigten Fernsehserie. Ob ich ihr verraten könne, wie es weitergehe, flüsterte sie mir ins Ohr, ihr Mann wisse ja nicht, dass sie solche Serien schaue. Also erklärte ich ihr die nächsten Verwicklungen und spielte die eine oder andere Szene vor. Man bog sich vor Lachen, als ich das Idiom des rechtschaffenen, Bayerisch sprechenden Tierarztes nachmachte, sie hielten es wohl für einen Witz. Nur nicht Frau Dr. Grimm, die auch gar nicht verstand, weshalb die anderen so lachten, während mein Vater wieder eingeschlafen war.

Er erwachte erst, nachdem sich Ursel, eine befreundete Gynäkologin, erhoben hatte, um sich zu verabschieden, worauf er von seinem Sessel hochschnellte und rief: »Ursel, doch nicht jetzt schon! Nicht, bevor Konstanze die ›Träumerei‹ gespielt hat!« Sodass Ursel sich wieder auf ihren Stuhl setzte und abwartete, bis meine Mutter das Schumann-Stück gespielt hatte. Immer hatte es mich fasziniert, wie seelenruhig er inmitten des größten Trubels auf seinem Sessel schlafen konnte, während in seinem Innern ein feines Sensorium darüber zu wachen schien, ob ein Gast vor der Zeit gehen wollte, und sobald dies der Fall war, schoss er wie ein mechanisches Figürchen aus seinem Schlafgehäuse hervor und rief: »Nein, doch nicht jetzt schon! Nicht bevor Konstanze die ›Träumerei‹ gespielt hat!« Nach der »Träumerei« aber hatten sich dann alle unverzüglich zu entfernen.

Als ich spätabends die Treppe hinaufging, um mich aufs Zimmer zurückzuziehen, wandte ich mich noch einmal um und sah, dass mein Vater unten stand und – einen Kerzenleuchter in der Hand, mit dem er die kleine Gästeschar nach draußen begleitet hatte – zu mir heraufblickte, als überlegte er, warum ich noch hier war. Dann aber schien er sich zu erinnern und winkte mir zu.

Eigentlich war alles wie immer, dachte ich jetzt, am Morgen, in meinem Gästebett. Beiläufig hatte meine Mutter erwähnt, dass sie Katharina zur Geburtstagsfeier eingeladen habe. Sie komme, falls sie es schaffe, eventuell vorbei, so hatte sie es ausgedrückt, indem sie ihren Nachnamen hinzufügte, als könnte ich mich ohne den Nachnamen nicht an sie erinnern. Und ich hatte mir vorgestellt, wie Katharina mit langen, wehenden Haaren an der Feier *vorbeikommen* würde, mit schmalen Augen und kurzer Jeansjacke ginge sie vorbei, und dabei war mir aufgefallen, dass es immer die Katharina von vor fünfundzwanzig oder dreißig Jahren war, die ich mir vorstellte, denn seitdem hatte ich sie nicht mehr gesehen.

Draußen schien die Sonne, und als ich die Vorhänge zurückzog, fiel grünliches Blätterlicht ins Zimmer. Unten, auf der Bauernwiese, schäumten die Apfelblüten, und auf dem zum Dorf hin abfallenden Rasen, der wie ein frisch gesaugtes Tuch den Hügel hinunterfloss, rannten die Kinder meines Bruders herum und spielten mit langen Stöcken. Dass es gestern noch geschneit hatte, kam mir jetzt vor wie ein Traum.

Erst als ich mich anziehen wollte, fiel mir auf, dass ich keine Kleidung für die Feier dabeihatte. Ich hatte ein paar T-Shirts in die Tasche geschmissen und die löchrige Jeans angezogen, was mir auf einmal unpassend erschien. Ich ging nach unten. Der Frühstückstisch war schon halb abgeräumt, draußen vor den hohen Fenstern saß mein Großvater im Rollstuhl. Ich trat durch die Terrassentür, betrachtete ihn von der Seite, das Lächeln, das auf seinem Gesicht lag, und überlegte, wo es herkam. Es sah aus, als wäre es übrig geblieben von einem Ereignis, das vor sehr vielen Jahren stattgefunden haben musste, etwas wie Wehmut war darin, wie im Nachhall eines Musikstückes oder dem letzten Schein eines Sonnenuntergangs, dachte ich und ging zu ihm hinüber. Vögel zwitscherten. Oft hatte er mir die Vogelstimmen erklärt, hatte den Zeigefinger in die Höhe gestreckt, »horch«, hatte er gesagt, »das ist eine …«, und dann hatte er eine Pause gelassen, damit ich seinen Satz beenden konnte, »Mönchsgrasmücke«, hatte ich beispielsweise ergänzt, und er hatte genickt.

Ich trat in sein Gesichtsfeld. Zuerst sah er lächelnd durch mich hindurch auf die Wiese oder die spielenden Urenkel oder in eine andere Zeit, dann zog sich sein Blick aus der Weite zurück, schien zu schrumpfen, und das Lächeln verlosch, sodass ich schon glaubte, er würde mich erkennen, aber dann verwischte sein Blick wieder, und er lächelte mich an. Vorsichtig nahm ich seine Hand, die sich trocken und papierartig anfühlte und meinen Druck leicht erwiderte. Auch er schien nicht weiter zu altern, sondern hatte mit ungefähr neunzig Jahren mit dem Altern aufgehört. Sein Gesicht sah nahezu glatt aus, dachte ich, noch immer hatte er viel weißes Haar auf dem Kopf, das an Entenflaum erinnerte, weiße Augenbrauen, und vielleicht war es dieses Maskenhafte, das meine Familie nicht altern ließ, dachte ich, die Maske der Fröhlichkeit.

Im Haus wurde gelacht. Mein Vater und ein paar Gäste standen hinter den geöffneten Fenstern im Salon und lachten, dass es durch den ganzen Garten schallte. Ich hatte den Impuls, mir die Ohren zuzuhalten vor diesem Lachen, das immer zu groß und zu laut war, dachte ich. Vor einiger Zeit hatte ich Ele gefragt, ob auch ich so laut lachte, auch so laut spräche wie sie, und sie hatte mich erstaunt angesehen, als fiele es ihr erst in diesem Augenblick auf.

Mit einer Tragehilfe und einem schlafenden Baby vor der Brust kam meine Schwägerin Judith über die Terrasse und blieb neben mir stehen. Wir umarmten uns andeutungsweise. Hinter ihrer großen Brille, durch die sie auf ihre spielenden Kinder sah, war sie blass. Die schulterlangen Haare, die exakt dieselbe Farbe hatten wie ihr Brillengestell, ein helles Beige, hatte sie zusammengebunden. Sie wippte in den Knien, damit das Baby nicht aufwachte, das Anton hieß. Ich betrachtete das schlafende Kind, berührte eines seiner Fingerchen, die rosig, fast durchscheinend waren, worauf es die Hand reflexartig um meinen Zeigefinger schloss. Und plötzlich spürte ich einen Schmerz, der nicht zu lokalisieren war, eine traurige Zärtlichkeit für dieses Kind, das ich nicht kannte und das in diese Familie hineingeboren worden war, ohne gefragt worden zu sein, das geboren worden war, vielleicht ohne es zu wollen.

»Er sieht aus wie Sebastian«, sagte ich.

»Sie sehen alle drei aus wie Sebastian«, sagte Judith und blickte mit gerunzelter Stirn über den Rasen.

Später fuhren wir zusammen hinüber zum neuen Haus, wie sie es nannte, damit ich mir einen Anzug von meinem Bruder ausleihen konnte. Es lag im südlichen Neubaugebiet von Gründlach, nackter Beton und blau schimmernde Glasscheiben, in denen sich Wolken spiegelten, eine Art zu klein geratenes Bürogebäude. Ein Trampolin stand im Garten. Ich wusste nicht, warum, aber diese Vorgarten-Trampoline deprimierten mich, wahrscheinlich weil sie immer verwaist und verlassen waren, stehen geblieben aus einer anderen Zeit.

Im Haus, wo Spielzeuge und Bobbycars durcheinanderlagen, drückte Judith mir das Baby in den Arm, das sich das Fäustchen in den Mund schob, etwas Spucke tropfte auf meine Hand. Ich wippte in den Knien, wie ich es zuvor bei ihr gesehen hatte, dachte an Ele und wie es gewesen wäre, wenn wir unser Kind bekommen hätten, das jetzt ungefähr so alt wäre wie der kleine Anton, aber das Leben war ihm erspart geblieben, und vielleicht war es ein Glück, dachte ich, während ich wippend im Wohnzimmer auf und ab ging. Anton tastete mit seiner spuckefeuchten Hand auf meiner Nase herum, und auf einmal strahlte er übers ganze Gesicht.

Judith brachte mir einen beigen Cordanzug und ein weißes Hemd, und ich zog mich um. Als ich kurz darauf in der Diele in den großen Spiegel sah, stand sie hinter mir, das Kind auf dem Arm, das mich mit riesigen Augen betrachtete. »Jetzt siehst du auch aus wie Basti«, sagte sie und lachte. Dann verlor sich das Lachen auf ihrem Gesicht, als wäre sie darüber erschrocken, und das Kind fing an zu weinen.

Während wir zur Villa zurückfuhren, erzählte sie vom letzten Urlaub auf La Palma, das sich für Aufenthalte mit Kindern wegen des Klimas sehr eigne, allerdings sei ein Urlaub mit Kindern natürlich kein richtiger Urlaub, sagte sie.

»Warum nicht?«

Sie hatte für die Autofahrt die Brille gewechselt, trug jetzt eine Sonnenbrille. »Weil sie eben immer da sind!«, sagte sie, fast aggressiv, als wäre es meine Schuld, dass diese Kinder da waren. »Man muss ihnen auch im Urlaub immer die Zähne putzen, jeden Abend und jeden Morgen, immer, immer, immer, immer, verstehst du?!«

Als wir auf dem Parkplatz der Villa angekommen waren, drehte sie den Zündschlüssel und lehnte den Kopf an die Nackenstütze, wie schlafend. Plötzlich schien sie zu erwachen, schüttelte kurz eine Haarsträhne aus der Stirn und stieg aus, schob die Sonnenbrille hoch, zerrte Anton aus dem Sitz und stöckelte mit ihm ins Haus, ohne sich noch einmal umzusehen.

Mein Bruder kam mit der Blaskapelle. Der Bläserkreis von Gründlach marschierte in Tracht und mit blitzenden Instrumenten den Kiesweg herauf, dahinter, im Schritttempo, näherte sich ein Taxi, aus dem bald darauf Sebastian stieg. Offenbar erkannte er zuerst seinen Anzug, dann mich, aber vielleicht meinte er auch, er habe sich verdoppelt oder gespalten und stünde oben auf der Terrasse und stiege gleichzeitig aus dem Taxi aus. Er sah zu mir herauf. Ich grüßte ihn, indem ich zwei Finger in die Luft streckte, er wiederholte die Geste.

»Hast du den gleichen Anzug, oder ist das meiner?«, fragte er, nachdem wir uns kurz umarmt hatten. Er nahm das Revers des Anzugs zwischen Daumen- und Ringfinger, rieb und betrachtete es.

»Was denkst du denn, der gehört natürlich mir.«

»So ein Zufall«, sagte mein Bruder.

»Wir haben eben beide einen guten Geschmack«, sagte ich, während ich den Blick über die Terrasse schweifen ließ, wo in diesem Augenblick Judith durch die Tür trat und mit verschränkten Armen stehen blieb.

»Ich wusste gar nicht, dass du kommst, Niki!«, sagte mein Bruder.

»Warum sollte ich denn nicht kommen, Basti?«

»Der war gut«, sagte er und verzog das Gesicht.

Er sei heute mit dem Zug gefahren, nie wieder! Eineinhalb Stunden Aufenthalt in – Mannheim! Da drücke man sich dann auf einem zugigen Bahnsteig herum mit lauter Obdachlosen. Natürlich habe er nichts gegen Obdachlose, die armen Teufel, aber es sei eben unangenehm, weshalb er lieber fliege.

Während mein Bruder noch redete, drehte ich mich um und schlenderte über die Wiese zu den Apfelbäumen hinunter, wo die Stehtische aufgestellt waren. Ich nahm mir vor, den Anzug auf jeden Fall zu behalten. Sollte ich einmal obdachlos werden, dann würde ich wenigstens einen schönen Cordanzug haben, dachte ich.

Inzwischen hatte sich die Blaskapelle auf der Terrasse wie eine blitzende kleine Kompanie aufgestellt und spielte schief und scheppernd. Meine Mutter dirigierte die Bediensteten des Catering-Services, die auf Tabletts Champagner herumtrugen in schneeweißen, bis zum Boden reichenden Schürzen und zwischen den Stehtischen hin und her schweiften. Ich nahm mir zwei Gläser und machte mich auf die Suche nach Katharina, ging von Tisch zu Tisch, blieb vor einer Frau mit dunkelblonden kinnlangen Haaren stehen, sah ihr forschend ins Gesicht. Sie trug eine Brille mit schwarz-weiß karierten Bügeln, und ihre Augen waren blau, aber sie schien mich nicht zu erkennen. Was, dachte ich, wenn wir uns nicht erkennen würden? Wenn meine Mutter uns einander vorstellen müsste: Das ist mein Sohn Nikolas, er hat einmal einen Preis für ein Drehbuch gewonnen, das ist Katharina Hauser, in die du so verliebt gewesen bist, erinnerst du dich nicht, du hast dir ja ihretwegen einmal fast das Leben nehmen wollen? Und dann würde sie loslachen, während ich sagte: Du irrst dich, aber sie würde mich vor lauter Lachen gar nicht hören.

Jetzt sang im Salon eine Sängerin vom Nürnberger Opernhaus die Arie des Wolfram von Eschenbach aus dem »Tannhäuser« – »O du, mein holder Abendstern«, eines der Lieblingslieder meines Großvaters. Die Terrassentüren waren alle geöffnet worden, sodass ein Teil der Gäste von draußen zuhören konnte. Ich lehnte an einem der Apfelbäume, hörte von fern das Pling-plang der Harfe, das meine Mutter am Klavier erzeugte, und den Gesang, der herunterschwebte, und auf einmal hatte ich eine Szene aus Viscontis Film »Die Verdammten« vor Augen, in der ein dicker SA-Mann Isoldes Liebestod singt, begleitet von einem anderen auf einem verstimmten Klavier. Die Kamera wendet sich ab und fährt sehr langsam durch den Raum, wo betrunkene SA-Männer, darunter einer in einem Engelskostüm, auf Stühlen eingeschlafen sind, und folgt einem geschminkten, halb nackten Jüngling auf eine Terrasse am Tegernsee, der im Morgengrauen vor bläulich gestaffelten Bergen daliegt. Der Jüngling blickt sehnsuchtsvoll in die Weite, während noch der Gesang zu hören ist, *immer lichter, wie er leuchtet, stern-umstrahlet hoch sich hebt*, bevor alle nacheinander von der SS erschossen werden.

Keine Ahnung, warum mir diese Szene jetzt wieder einfiel – zumal das Abendstern-Lied gar nicht in den »Verdammten«, sondern in Viscontis »Ludwig II.« vorkommt, wo der Bayernkönig in einem schwanenförmigen Boot durch die Venusgrotte gondelt. Ich wandte mich um, und während ich mir vorstellte, wie mein Großvater in einem schwanenförmigen Rollstuhl davongondelte, über die blühenden Obstbäume hinweg in den Himmel, sah ich, dass sich über den Hügel eine Gestalt näherte, Hände in den Hosentaschen, das blonde, schulterlange Haar durchflimmert von Licht. So kam Katharina herauf und blieb vor mir stehen. Ich hörte Violinen, Flöten, das dunkle Plingplang der Harfe, die den Harmoniewechsel auf Dur einleitete, als lösten sich Wolken auf über einem Tal, bevor der Gesang erneut einsetzte, *o du, mein holder Abendstern, wohl grüßt' ich immer dich so gern.* Es erschien mir lächerlich passend, und ich wollte etwas sagen, aber sie hob den Zeigefinger an den Mund und verdrehte die Augen in Richtung Haus, und während sie weiterging, zur Terrasse hinauf, um die Musik besser hören zu können, sah ich ihr nach und sah sie gleichzeitig mit dem Gedächtnis, und beide Bilder schoben sich in eins.

In diesem schon wieder vergangenen Augenblick, als wir uns gerade gegenübergestanden hatten, waren mehr als fünfundzwanzig Jahre abgerollt, dachte ich, eine Lawine aus Zeit. Ich rechnete aus, dass wir inzwischen länger ohneeinander als miteinander gelebt hatten. Und doch schienen die Jahre der Kindheit und Jugend schwerer zu wiegen, als dehnten sich die Erlebnisse und Gefühle, die wir zum ersten Mal gehabt hatten, über unser ganzes Leben aus, und sei es nur dadurch, dass wir in der Erinnerung immer wieder dorthin zurückkehrten, um alles, was uns an Neuem widerfuhr, damit zu vergleichen. Aber ich wusste ja nicht einmal, was es war, zu dem ich zurückkehrte – ob das, was ich für Katharina einmal empfunden hatte, Liebe gewesen war. Was wusste ein Siebzehnjähriger von der Liebe und was ein Dreiundvierzigjähriger?

Oben wurde geklatscht. Mein Bruder beugte sich zu Katharina und sagte ihr etwas ins Ohr, worauf sie sich eine Haarsträhne aus dem Gesicht warf mit einer Handbewegung, die ich wiedererkannte. Sie trug einen eng geschnittenen Hosenanzug. Ich konnte mich nicht erinnern, sie je in einem Kleid gesehen zu haben, sie hatte nur Hosen getragen, Jeans und Turnschuhe, kurze Jeans- oder Lederjacke, wenn sie in der Raucherecke herumstand mit ihrem nachdenklichen Blick. Ihre Oberlippe war dünner gewesen als die Unterlippe, die dadurch etwas vorgeschoben wirkte, aber das konnte ich jetzt, aus der Entfernung, nicht erkennen. Genauso wenig das helle Blau der Augen, die dunklen, kräftigen Brauen. Ihre Wangen waren oft gerötet gewesen, als wäre sie wütend oder zu schnell gerannt. Und jetzt?

Ich starrte zu ihr hin. Ich sah sie auf der Terrasse stehen, aber ich sah auch einen Abend weit hinten in der Zeit, an dem wir gemeinsam in Bayreuth gewesen waren, weil meine Mutter dem, wie sie immer sagte, »ungeheuer begabten Mädchen«, das jeden Tag kam, um auf unserem Blüthner-Flügel im oberen Stockwerk zu üben, dieses Erlebnis wenigstens einmal hatte ermöglichen wollen. Ich musste im Auto auf der Rückbank zwischen ihr und Katharina sitzen, die sich über mich hinweg unterhielten. Später, im Festspielhaus, nahm mir der stickige Muff im Zuschauerraum fast den Atem, und die aus dem verdeckten Orchestergraben brodelnden, mumpfelnden Töne, die hysterischen Gestalten auf der Bühne, die schneidenden Stimmen der Sänger, das Laute, das Übertriebene, verstörten mich, weil mir alles unklar vorkam wie ein gewittriger, unordentlicher Himmel, durchzuckt von den Blitzen des Gesangs. Ich konnte überhaupt nicht verstehen, dass mein Vater bei dem Lärm schlafen konnte, der Glückspilz, während Katharina stocksteif und aufrecht dasaß, mit offenem Mund. Mir fiel auf, dass meine Mutter Tränen in den Augen hatte, und ich wusste nicht, wieso, ob sie traurig war, weil die Sänger vielleicht falsch sangen. Meinen Großvater fragte ich in der Pause, warum sie auf der Bühne nicht einfach sagen könnten, was sie wollten, warum das Hin-und-her-Gesinge die ganze Zeit, so rede doch kein Mensch! Und er lachte und sagte, so rede vielleicht kein Mensch, aber so fühlten die Menschen. Ich hielt mir dann die Ohren zu, aber er sagte, das gehöre sich nicht, und ich saß auf meinem Sitz und gehorchte, horchte, wie die Musik in mich eindrang. Wer nicht hören will, muss fühlen. Wo man singt, da lass dich ruhig nieder. Ich mein's ja nur gut. Es gibt in meinem Elternhaus eine in den offenen Kaminofen eingearbeitete Kachel, auf der geschrieben steht: Tu es gleich. Ja, aber was denn? Damals hatte Katharina während der ganzen Heimfahrt von Bayreuth im Auto kein Wort mit mir gesprochen, sondern schweigend aus dem Fenster in die Nacht gestarrt, und ich hatte die Spiegelung ihres Gesichts betrachtet, das durch mich hindurchgeschaut hatte, als wäre ich aus Glas.

Jetzt klatschte sie, warf sich das Haar aus der Stirn und sah dabei in meine Richtung, aber als sich unsere Blicke begegneten, wandte sie sich wieder meinem Bruder zu, der im Garten herumdeutete und ihr offenbar etwas zeigen wollte, indem er mit beiden Armen ausladende Bewegungen machte, wie mein Großvater, dachte ich.

Auch im Salon wurde geklatscht. Erst jetzt bemerkte ich, dass sich meine Schwägerin neben mich gestellt hatte mit dem schlafenden Baby im Kinderwagen, den sie immerzu um einige Zentimeter vor- und zurückbewegte, gleichmäßig wie ein Uhrwerk. Meine Mutter kam nach draußen und verteilte kopierte Notenzettel zum Mitsingen, auch mir drückte jemand ein Blatt in die Hand, das ich faltete und in die Jackentasche steckte. »Fein sein, beinander bleiben«, das Lieblingsvolkslied meines Großvaters, das ich auswendig kannte.

Judith sang nicht mit, ich auch nicht. Ich konnte nicht erkennen, ob Katharina mitsang, sie bewegte zwar die Lippen, artikulierte aber offenbar nur jedes zweite oder dritte Wort, während mein Bruder aus voller Brust sang, als spielte er Singen. Jetzt sah sie zu mir herunter, über ihr Notenblatt hinweg, und in diesem Moment meinte ich etwas zu erkennen: die schweigende Übereinkunft von früher, als uns ein Blick genügt hatte, um uns darüber zu verständigen, dass wir eine Situation, ja dass wir die Welt um uns herum gleich wahrnahmen, in einer Weise, die uns von den anderen trennte. *Treu sein, ned aussi grasn, denn d'Lieb is so zart wie a Seifenblosn*, wurde im Salon gesungen, und als der letzte Ton verklungen war, schob Ivona meinen lächelnden Großvater im Rollstuhl wieder auf die Terrasse heraus, und ich beobachtete, wie ihr mein Bruder etwas ins Ohr flüsterte, worauf sie den Kopf zur Seite neigte, weil es ihr vielleicht unangenehm war und sie nicht wusste, was sie erwidern sollte. Wahrscheinlich errötete sie etwas, dann wandte sie sich ab und ging ins Haus.

Ich sah zu viel, dachte ich, schon immer hatte ich zu viel gesehen und gehört von den Ereignissen in diesem Haus. Ich hatte die Ohren nicht verschließen können vor der Musik und den Reden der Erwachsenen, und auch meine Augen waren weit geöffnet gewesen, und wieder dachte ich, du musst hier weg, sofort. Aber ich blieb mit meinem Glas im Garten stehen und sah zu Katharina hinauf, die jetzt mit meiner Mutter plauderte und mir nun ganz fremd erschien, weil sie mit der Katharina von früher nichts gemeinsam hatte, nur den Namen. Und auch ich hatte ja mit jenem Jungen, der ich gewesen war, nichts gemeinsam, dachte ich, nur den Namen und diese merkwürdige Familie.

Dass ich all die Jahre an Katharina gedacht hätte, und sei es nur wegen jener Sehnsucht, die das Vergangene bewahren will und der Jugend einen Schrein baut, vor dem sie Blumen aufstellt und Kerzen anzündet, traf nicht zu. Es traf auch nicht zu, dass mir diese Liebe, oder was immer es gewesen war, größer und gewaltiger erschienen wäre als andere, die nach ihr kamen. Es war eben die erste gewesen, und trotzdem hatte ich jahrelang nicht mehr an sie gedacht. Ich hatte nicht an sie gedacht, aber ich hatte sie auch nicht vergessen, nur hatte ich eine Zeit lang nicht in jene Ecke meines Gedächtnisses geschaut, in der sich Katharina befand. Ich stelle mir das Gedächtnis als einen Raum vor mit Landschaften, die sich bei näherem Hinsehen als Fototapeten entpuppen, mit Spiegeln und Kleiderstangen voller Kostüme in langen Fluchten, einen Raum irgendwo zwischen Theaterfundus und Abstellkammer, ohne Wände und Begrenzungen, eine Garderobe, die gleichzeitig ein Warteraum ist für die, an die wir nicht denken, bis sie von der Stimme des Inspizienten auf die Bühne gerufen werden. Ist die Erinnerung also Garderobe oder Bühne? Sie ist beides, glaube ich. Sie ist das ganze Theater. Wir haben manches in Erinnerung, das nicht zu sehen ist, und trotzdem ist es da, lungert herum, in Kostüm und mit Maske, memoriert noch einmal den Text, bis es zum Auftritt gebeten wird, wie jetzt Katharina. Und während ich im Garten der Villa Sternbald herumstand unter den blühenden Apfelbäumen, kam ich durcheinander, weil sie, an die ich jahrelang nicht gedacht hatte, gleichzeitig auf der Bühne der Erinnerung und in der Gegenwart in Erscheinung trat.

Ich hatte allerdings auch schon viel getrunken. Das Buffet war eröffnet worden. Katharina stand inzwischen mit meinen Münchner Cousinen, die ich wegen ihrer langen, dünnen Arme und Beine seit jeher die Habergeißen nannte, an einem der Stehtische. Sie unterhielten sich und schienen mich überhaupt nicht wahrzunehmen, was mir das Gefühl gab, mich unerlaubt auf die

Feier geschlichen zu haben, gar nicht eingeladen zu sein. Ich umrundete sie. Stellte mich zu ihnen. Sofort hörten sie auf zu reden.

»Lasst euch nicht stören«, sagte ich.

»Du störst doch nicht«, sagten die Habergeißen.

Katharina tastete mich kurz ab mit ihrem Blick.

»Du bist also wieder da«, sagte ich.

»Du auch.«

»Das täuscht. Ich bin nur mein Doppelgänger. Ich bekomme viel Geld dafür, dass ich hier bin, aber niemandem verraten.«

Die Habergeißen lachten.

»Wir haben gerade über dein Theaterstück gesprochen«, sagte die eine, die in München eine Anwaltskanzlei hatte. »Erinnerst du dich?«

»Klar«, sagte ich. »Ihr habt kläglich versagt.«

Und während sie sich über das Theaterstück unterhielten, bei dem auch Katharina hatte mitspielen müssen wie bei fast allen meinen Stücken, wunderte ich mich, dass sie es noch wussten. Ich hörte sie darüber sprechen, und dennoch ging es mich nichts an, weil es ein anderer erlebt hatte.

»Das hast du schön gesagt«, sagte Katharina, als wir später nebeneinander unter dem hundertjährigen Ahorn standen.

»Was?«, sagte ich.

»Das mit dem Doppelgänger. So ist es irgendwie immer gewesen.« Sie hob eine Braue und sah über die Wiese zum Haus hinauf mit leicht zusammengekniffenen Augen, wie früher, wenn ich gedacht hatte, sie wäre wütend. »Wie lange bleibst du?«

»Ich fahre morgen.«

»Morgen«, wiederholte sie, »eigentlich schade. Ich muss jetzt leider gehen.«

»Jetzt schon?«

Sie nickte. »Also dann.«

Ein Wind kam auf. Ich hörte das hundertjährige Rauschen

des Ahorns über uns, als holte der Baum Atem. »Falls ich doch noch länger bleiben sollte«, sagte ich, »du hast wahrscheinlich ein Telefon, oder?«

Sie lachte.

»Und eine Telefonnummer wahrscheinlich auch.«

»Ich habe sogar zwei Telefonnummern, stell dir vor.«

»Darf ich?«, sagte ich, nachdem ich eine der beiden Nummern im Handy gespeichert hatte, und pflückte ein Apfelblütenblatt aus ihrem Haar.

Dann sah ich sie unter den Obstbäumen zum Tor gehen und fragte mich, ob sie sich noch einmal umdrehen würde, was sich als Zeichen deuten ließe: Drehte sie sich um, würde ich sie wiedertreffen, drehte sie sich nicht um, würde sie durch das Tor der Villa Sternbald für immer in meiner Erinnerung verschwinden.

»Ihr habt euch lange nicht gesehen, was?«, sagte mein Bruder.

Er hatte sich neben mich gestellt, und gemeinsam beobachteten wir, wie sie den Hügel hinabging – unendlich langsam –, wie mit einer Lupe, einer Zeitlupe herausgehoben aus dem Garten, entfernte sie sich und blieb unten am Tor stehen, als hätte sie etwas vergessen. Dann drehte sie sich um und sah zu uns herauf. Ich hob die Hand und winkte ihr zu.

Mein Bruder sagte: »Sie hat sich eigentlich kaum verändert.«

Katharina winkte kurz zurück, dann drehte sie sich wieder um und ging durchs Tor hinaus und war verschwunden.

»Und wir, Basti?«, sagte ich, ohne den Blick abzuwenden, als wäre da noch etwas übrig geblieben, ein Umriss, ein Abdruck in der Luft, den ich erstaunt betrachtete. »Und wir?«

Er hob die Schultern.

Wir schwiegen.

Dann sagte er: »Schön, dass du gekommen bist, Niki.«

3

Eine meiner frühesten Erinnerungen ist mit Katharina verknüpft, von der ich an einem Winternachmittag auf dem zugefrorenen Wiesbach unten im Dorf erfahren habe, dass wir Fincks Erzgauner seien. Mein Atem hängt wie Rauch in der Luft, es liegt dünner Schnee, die Türme der Gründlacher Schlösser ragen in einen bedeckten Himmel, die Spitze des Kirchturms ist kaum zu sehen. Alles in Schwarz-Weiß, aber Katharina im roten Anorak ist farbig und hebt sich aus dem Bild heraus. Sie schlittert auf dem Eis, das zwischen grauen, von Raureif überzogenen Gräsern glänzt. Sie hat einen Ball, ebenfalls knallrot, als wäre eine Schwarz-Weiß-Aufnahme nachkoloriert worden. Ich klettere die Böschung hinunter, um auch zu schlittern. Sie sieht mich an, die Lider halb geschlossen, ihre Wangen gerötet von der Kälte.

»Wirf her«, sage ich.

Sie dreht sich um, läuft vor mir weg, wirft den Ball in die Luft.

»Wirf doch her, blöde Kuh!«, rufe ich.

Nun will sie erst recht nicht. Ich packe ihren Arm, drehe ihn ihr auf den Rücken. Sie windet sich, ich grabe meine Fingernägel in ihre Handgelenke, dass es mir selber weh tut, der Ball fällt zu Boden, hüpft ein paar Meter, ich hebe ihn auf, schleudere ihn über einen hohen Zaun ins angrenzende Gartengrundstück, wo kohlschwarze Bäume stehen.

»Die Fincks sind Erzgauner«, sagt sie.

»Wer sagt das?«

»Das weiß doch jeder.«

»Wer sagt das?«

»Mein Opa zum Beispiel. Der weiß es.«

»Schlampe!«, rufe ich, weil ich das Wort erst kürzlich gehört habe.

Ich sehe ihre Handgelenke, die rot sind, sehe die weißen Sichelmondabdrücke meiner Fingernägel. Sie tritt mir gegen das Schienbein, und in dem Moment knirscht es unter meiner Sohle, wird kalt an meinem Unterschenkel, der bis zum Knie im eisigen Wasser versinkt.

Zu Hause suchte ich meine Mutter, die, gefolgt von der Haushälterin Frau Schicker, im Zickzack zwischen Esszimmer und Salon hin und her lief und Anweisungen erteilte, weil ein Abendessen oder eine Gesellschaft vorbereitet werden musste. Immer wieder dachte ich: Erzgauner, während ich den beiden Frauen hinterherlief, und grübelte, was das Wort bedeuten könnte, da mir bisher nur das Wort Erzengel geläufig war, Erzengel Michael, der in der Kapelle oben am Schlossberg den Teufel tötet. Das Wort Erzgauner hast du noch nie gehört, dachte ich, während ich immer mehr schwarze Fußspuren auf dem Parkett hinterließ, und als mich meine Mutter endlich bemerkte und ich den Mund öffnete, um sie zu fragen, was ein Erzgauner sei, blieb sie stehen und öffnete ebenfalls den Mund, erstaunt offenbar, dann erschrocken, als ihr Blick an mir hinunterglitt auf meine verdreckten Fellstiefel. Und ich dachte, gleich fängt sie an zu schimpfen wegen der Stiefel, die ich in der Eingangshalle nicht ausgezogen habe.

»Wo warst du?«, fragte sie.

»Auf dem Wiesbach.«

Und ihre Augen weiteten sich. »Du hättest ertrinken können, Niki!« Aber sie schimpfte nicht, sondern nahm mich kurz in die Arme und sprach ein paar Worte auf mich ein, bevor sie wieder eilig durchs Haus ging, verfolgt von Frau Schicker, die kaum hinterherkam.

Also suchte ich meinen Großvater, um ihn nach dem Wort

zu fragen, aber ich fand ihn nicht. Erst am Abend, als schon die Gäste da waren, fing ich ihn vor dem Esszimmer ab.

Ich sagte: Die Fincks seien Erzgauner, habe Katharina gesagt. Habe ihr Opa gesagt.

Da im Esszimmer schon die Suppe aufgetragen wurde, ging mein Großvater mit mir ins Wohnzimmer. Er machte kein Licht. »Nimm Platz«, sagte er und wies auf einen Sessel. Ich schlug mein Bein über, genau wie er. Von der ins Esszimmer führenden Flügeltür und von der Eingangshalle drang nur wenig Licht herein. Er stützte seine Fingerkuppen gegeneinander, als deutete er ein Haus an. Dann schwieg er eine Weile, schien sich zu sammeln, wie er es immer tat, bevor er mir eine Geschichte erzählte: Es war einmal, mein Bub, weißt du, Niki, weißt du, wie viel Sternlein stehen, weißtduwassoschweig.

»Vor nunmehr fast einhundert Jahren, als es in Deutschland noch einen Kaiser gab«, begann er, »hat mein Großvater Ferdinand, genannt Ferry, Schultafeln hergestellt, jenseits der Sebaldushöhe am Rand des Reichswaldes, in einer kleinen Schreinerwerkstatt mit nur sieben Angestellten. Durch glückliche Hand, aber auch mit Gottes Hilfe ist die Dampfschreinerei Finck rasch größer geworden, denn Ferry war nicht nur Unternehmer, sondern auch ein Erfinder. Er hatte eine ganz neuartige Schulbank entwickelt, die er nach dem Entdecker und Seefahrer Kolumbus Columba-Schulbank genannt hat, eine Kombination aus Tisch und Stuhl, für die er im Jahr 1897 auf der Erfindermesse in Paris die Große Goldmedaille gewonnen hat! Die Columba-Bank ist von Gründlach aus in viele Länder Europas verkauft und sogar bis in die Kolonien nach Afrika verschifft worden. Aber es sind andere Zeiten gekommen, schwierige Zeiten«, fuhr er fort. »Die Firma hat zwar immer noch hervorragende Produkte hergestellt, sie aber nicht mehr wie zuvor verkaufen können. Die Zeiten wandeln sich, manchmal wandeln sie sich rasch. Dies ist etwas,

was ein Unternehmer lernen muss. Es unterscheidet den glücklichen Unternehmer vom glücklosen Unternehmer, dass jener weiß: Die Zeiten wandeln sich, und du musst dich mit ihnen wandeln, sonst bleibst du hinter der Zeit zurück.«

Er verstummte. Versonnen sah er durch das von seinen Fingern geformte Haus hindurch in die Ferne. Dann sprach er weiter.

»Auch ich musste in schwieriger Zeit schwierige Entscheidungen treffen«, sagte er. »Ich habe Gelegenheiten ergreifen müssen, ich habe durch Zukäufe expandiert, ich habe die Produktion auf Büro- und Spezialmöbel ausgeweitet und viel Erfolg damit gehabt. Was für meinen Großvater die Columba-Bank war, das ist für mich der Kufenstuhl gewesen, der von Gründlach aus in die ganze Welt gegangen ist. Wo aber Erfolg ist, da sind auch Neider, merk dir das, Nikolas. Der Neid ist ein hässliches Gefühl, der Neid ist auch eine Sünde. In der Bibel steht: *Habt ihr aber Neid und Zank in eurem Herzen, so rühmt euch nicht und lügt nicht wider die Wahrheit. Denn wo Neid und Zank ist, da ist Unordnung.* Ordnung aber entsteht durch Tätigkeit. Ordnung erwächst aus der Familie, sie verkörpert sich in jenen Verzweigungen des Stammbaums, den ich dir mal gezeigt habe und von dem du ein Teil bist, genau wie ich. Und wenn wir zu hoch hinauswachsen wollen, müssen wir uns darauf besinnen, wo unsere Wurzeln liegen: In der Schultafel, deren Grafitschwarz gleichzeitig das Nichts und die Fülle unendlicher Möglichkeiten birgt. Auf der Schultafel haben Abertausende Kinder das Alphabet und das Einmaleins gelernt, die Schultafel wird immer am Anfang gestanden sein. Auch du, Nikolas, hast auf einer solchen Schultafel einige deiner ersten Buchstaben schreiben dürfen, auch du bist auf dem Grafitschwarz der Tafel in eine andere Welt, in jene unendliche Welt des Lesens und Lernens geführt worden. Bedenke das immer, Nikolas. Wir Fincks haben gehandelt, wie wir handeln mussten, denn jede Zeit verlangt ihr je eigenes Handeln. Folgenden Tugenden aber, die immer gleich bleiben«, sagte mein Großvater, indem er die Hand hob und die Tugenden an den Fingern abzählte, »verdankt sich der Erfolg unserer Familie: Fleiß, Pflichtgefühl und Demut. Hinzu kommt die Verantwortung. Denn der Unternehmer denkt nie nur für sich selbst, sondern Verantwortung ist das Steckenpferd des Unternehmers.«

So besprach er mich mit seinen Zauberformeln, bis ich ganz benebelt und wie in Trance geraten war. Das Wort Erzgauner aber, das ich an jenem Winternachmittag von Katharina auf dem Wiesbach zum ersten Mal gehört hatte, blieb ein Rätsel für mich. Es war eines der vielen Fragmente, aus denen ich nach und nach, über Jahre, das Bild meiner Familie zusammensetzen musste, ein Vexier- oder Wechselbild, das sich je nach Perspektive zu verändern schien. Ich musste sehr genau hinschauen, und ich musste hinhören, in den Raum zwischen den Worten. Das viel zitierte Schweigen. Ich kann nicht behaupten, dass meine Familie geschwiegen hätte. Es wurde, im Gegenteil, ununterbrochen geredet, und vielleicht redeten sie so viel, um keine Fragen beantworten zu müssen. Reden ist Schweigen, und Silber ist Gold, aber das ist mir erst viel später bewusst geworden.

Sie schienen allerdings nicht bedacht zu haben, dass meine Ohren auch das aufnahmen, was im Dorf, in der Schule, in der Fabrik gesagt wurde, und sich für mich nach und nach das Bild ergänzte, das ich lieber nicht gesehen hätte. Ich weiß nicht, wann mir die genaue Bedeutung des Wortes Erzgauner klargeworden ist. Es war wie bei einer Fotografie, die im Entwicklerbad langsam zum Vorschein kommt. Den genauen Zeitpunkt kann ich ebenso wenig bestimmen wie denjenigen, als ich erkannte, dass ich sehr wahrscheinlich einmal sterben würde. Ein erster Hinweis darauf ist vielleicht eine verendete Krähe gewesen, der ich, assistiert von meinem Bruder, mit einem Küchenmesser den

Kopf abschnitt, um zu sehen, ob sich der Tod noch steigern lässt, bevor wir sie unter einer Weide im Garten weinend beerdigten.

»Was vergangen ist, ist vergangen«, sagte meine Mutter immer, wenn ich ihr mit meinen Fragen auf die Nerven ging.

Ob es ein Zufall war, dass Katharina mit ihrem roten Anorak und dem Notenheft unterm Arm kurze Zeit später fast täglich in unserem Garten auftauchte und die Auffahrt heraufkam, um auf dem Blüthner-Flügel im oberen Stockwerk zu üben, oder ob meine Mutter sie aus Berechnung eingeladen hatte, bleibt offen. Berechnung und Barmherzigkeit sind ja oft zwei Seiten derselben Medaille. Künstlerförderung wurde in meiner Familie daher großgeschrieben, und so förderte meine Mutter auch dieses Mädchen aus, wie sie sagte, einfacheren Verhältnissen, das die Fincks Erzgauner genannt hatte.

Oben stand der Blüthner, über dessen Herkunft ich damals noch nichts wusste, unten im Salon der Bösendorfer, den meine Mutter aus München mitgebracht hatte. Auch der Bösendorfer gehört zu meinen frühesten Erinnerungen, ist vielleicht die früheste überhaupt. Ich sitze unter dem Flügel mit meinen Bauklötzen, oder ich male. Über mir der gewaltige Resonanzboden des Instruments. Ich bin eingeschlossen in die Flut der Töne, sehe die Füße meiner Mutter, ihre Feinstrumpfhosen unter dem Saum des Kleides. Ein Kleid mit Klatschmohnblüten, die über den Stoff zu purzeln scheinen, während der Fußboden vibriert von den rauschenden Klängen, was mir unheimlich vorkommt. Aber dieses Unheimliche muss ich in Kauf nehmen, wenn ich meiner Mutter nahe sein will.

Je größer ich wurde, desto weniger passte ich natürlich unter den Flügel. Es störte meine Mutter jetzt, wenn ich unterm Flügel saß, und es störte sie auch, wenn ich um den Flügel herumging. »Du machst mich ganz verrückt mit deiner Herumgeherei, Nikolas. Geh spielen, oder mal etwas!« Also versuchte ich, ganz leise zu gehen. Immer leiser, mit jedem Schritt noch leiser. Ich versuchte zu schweben, und ich dachte, je leiser du um das Klavier herumgehst, desto unauffälliger und leichter wirst du, bis du ganz unsichtbar bist wie der heilige Sebald.

Hatten wir am Abend Gäste, lag ich im Bett und wartete, dass meine Mutter nach dem Essen noch zu mir heraufkäme, wie sie es versprochen hatte. Aber oft kam sie nicht mehr, weil sie es vergessen hatte oder dachte, ich würde längst schlafen. Wenn ich später die leisen, gedämpften Töne des Klaviers von tief unten heraufklingen hörte, legte ich mich auf den Fußboden, um ihr näher zu sein, und schlief darüber ein.

Als dann das Mädchen mit dem wütenden Blick und dem roten Anorak täglich den langen Kiesweg heraufgestapft kam, waren fortan zwei weibliche Wesen im Haus, die sich mehr für ihr Klavier als für mich interessierten. Durch die angelehnte Tür beobachtete ich Katharina, die aufrecht am Flügel saß, als wäre sie ein Teil des Instruments, ein kleiner, biegsamer Ast, der aus einem riesigen Baum herauswächst. Einmal schlich ich ins Zimmer, auf Zehenspitzen, und wusste nicht, ob sie mich ignorierte oder wirklich nicht gesehen hatte, klaute ihr die Noten, lief über die obere Galerie in mein Zimmer, und sie kam mir hinterher, blieb in der Tür stehen.

Ich streckte das Heft in die Luft, wedelte damit herum, und als sie ins Zimmer hereinkam, schloss ich die Tür und sperrte sie zu.

»Idiot! Gib her.«

Ich gab ihr die Noten.

»Du sollst aufschließen«, sagte sie.

»Ich will dir was zeigen.« Ich machte große Augen, zog die Schublade meiner Kommode auf und holte eine alte Zigarrenschachtel meines Großvaters heraus, die mit einem Einmachgummi verschlossen war. In ihr bewahrte ich tote Insekten auf,

Feuerwanzen, Falter, Käfer. »Ich habe sie nicht getötet«, sagte ich, »sie sind alle von allein gestorben.«

»Sie stinken«, sagte sie und sah mich gelangweilt an.

Also zeigte ich ihr ein Bild des heiligen Sebald, einen achteckigen Rosenquarz, eine Schneekugel mit dem Schloss Neuschwanstein. Ich sah ihr verschwommenes, vergrößertes Auge hinter den glitzernden Schneeflocken.

Sie müsse jetzt Klavier üben, sagte sie. Ich solle gefälligst aufschließen. Ich hielt den Schlüssel in die Höhe, sie griff nach meiner Hand. Ich wich ihr aus, ging einige Schritte rückwärts und warf den Schlüssel durchs offene Fenster hinaus.

Auf meinem halbrunden Balkon stehend, blickten wir in die rauschenden Kronen der Bäume, und ich versuchte, ihr zu erklären, dass der Balkon ein Schiff war, mit dem ich übers Meer der Blätter fuhr. Nachts, wenn der Mond scheine, lege der Balkon nämlich ab und gleite auf dem Mondstrahl hinaus und sei ein Raumschiff. Auf einem anderen Planeten hätte ich eine Burg, die aussehe wie Neuschwanstein in der Schneekugel, und dort gebe es ein riesiges unterirdisches Klassenzimmer, in dem lauter Lehrerinnen in Schulbänken säßen, winzig klein wie Zwerginnen, die alle aussähen wie unsere Grundschullehrerin Frau Zipf, und die würden von mir persönlich unterrichtet, aber nur wenn ich Lust dazu hätte, meistens würde ich fernsehen oder mich mit dem heiligen Sebald unterhalten.

Sie zeigte mir einen Vogel und schaute hinunter, ob da irgendjemand wäre, der sie befreien könnte. Es kam Sanftleben, aber er fand den Schlüssel nicht und musste die Tür aufbrechen. Seither hütete sie sich, mein Zimmer zu betreten, und ich versuchte, sie im Garten abzufangen.

»Ein Geheimnis«, sagte ich und legte den Finger an meine Lippen, und schon zog ich sie hinter das verfallene, mit Efeu und Wildrosen überwucherte Bienenhäuschen, hatte aber nicht die geringste Idee, was ich ihr sagen oder zeigen könnte. »Komm«, sagte ich und ging in einen der Geräteschuppen, nahm eine Schaufel vom Haken, lief zur Weide, unter der mein Bruder und ich die Krähe beerdigt hatten, und sie kam zögernd hinter mir her.

Ich begann zu graben. Sie schnaubte durch die Nase, stand da, halb teilnahmslos, halb neugierig, das Notenbuch unterm Arm und jene gelbe Bommelmütze aus Synthetik auf dem Kopf, die alle Erstklässler von der bayerischen Regierung zum Schulanfang für die Verkehrssicherheit bekommen hatten. Auch ich hatte meine gelbe Mütze aufgesetzt, die meine Mutter schon hatte aussortieren wollen, da die Qualität nicht ihren Vorstellungen entsprach, aber weil Katharina sie fast immer trug, als Einzige aus unserer Klasse, trug ich die Mütze auch, als gehörten wir zusammen.

Ich stach die Schaufel in die Erde. In den noch kahlen Bäumen zwitscherten Vögel. Ich fing an zu schwitzen. Der Geruch der Erde, Regenwürmer zuckten und ringelten sich, weiße Maden, manchmal kaum zu unterscheiden vom Wurzelwerk. Ich grub, immer mehr Maden wurden sichtbar, und Gefieder, der Bogen eines Flügels und der bereits teilweise skelettierte Krähenkörper, wie eine Fischgräte, dachte ich. Wo noch Federn waren, klebten Würmer, glänzende Käfer, und jetzt war da ein süßlicher Geruch, der nichts ähnelte, was ich je gerochen hatte. Dann der Kopf, der hellgraue Schnabel, die Augäpfel weiß, aber sie bewegten sich, und erst auf den zweiten Blick sah ich, dass auch sie mit dünnen weißen Würmern besiedelt waren. Katharina kreischte, ich kreischte ebenfalls, und sie lief einige Schritte rückwärts, drehte sich um und rannte über die Wiese davon.

Wie dies alles zusammenhing, und ob es überhaupt zusammenhing? Wenn ich auf meine Kindheit zurückblicke, ist mir, als hätte sich alles gleichzeitig ereignet, nicht nacheinander, und als wäre die Vergangenheit nichts Flüchtiges, sondern ein gigantisches Gebäude, das einem bis ins Universum ragenden Puppenhaus gleicht, mit Tausenden von Zimmern, jedes bewohnt von mir selbst zu einem anderen Zeitpunkt meines Lebens, die meisten der Fenster dunkel und nur einige wenige erleuchtet von der Lampe einer zufälligen Erinnerung. Hinter einem der Fenster sitze ich im Bayreuther Festspielhaus, hinter einem zweiten begrabe ich die Krähe, und in einem weiteren sagt Katharina zu mir: »Erzgauner.« Aus anderen schauen die braunstichigen Gesichter der fotografierten Kinder heraus, die meine Vorfahren gewesen sein sollen, immer wieder mein Urgroßvater Jean mit den angstvollen, traurigen Augen und dem Tropenhelm auf dem Kopf, den ich zum Schulanfang von meinem Vater bekommen habe.

Ich setzte ihn gleich am Morgen auf, schaute in der Eingangshalle in den Spiegel. Ich sehe ja aus wie mein Urgroßvater, dachte ich, vielleicht weil ich genauso erschrocken unter dem Helm hervorblickte, der auch mir schief auf dem Kopf hing und einen stickigen Geruch verströmte, als hätte man mir einen Kartoffelsack über den Kopf gestülpt. Das war's also, dachte ich, es gibt keine Schultüte, nur dieses verstaubte alte Ding, und du musst es auch noch aufsetzen, und alle werden dich auslachen, wenn du damit in die Schule kommst, Prost Mahlzeit, dachte ich, während mein Vater irgendetwas auf mich herabsprach, sodass ich gezwungen war, mich zu freuen, bis meine Mutter die Schultüte hinter ihrem Rücken dann doch hervorholte. Und noch während ich die spinatgrüne Schultüte, auf der ein Eichhörnchen zu sehen war, an mich riss und den Duft von Gummibärchen und Brause roch, überlegte ich, was ich mit dem Helm machen könnte, den ich, so meine Angst, von nun an immer würde tragen müssen. In diesem Moment blitzte und klickte es aus der Kamera meines Großvaters, und ich wusste, dass ich fortan selber mit Schultüte und Tropenhelm im Treppenhaus gefangen sein würde, mit einem schiefen Lächeln, das wie aus Papier ausgeschnitten und mir ins Gesicht geklebt war.

»Aber, willst du den Helm nicht absetzen, bevor du in die Schule gehst?«, fragte meine Mutter.

Also ging ich ohne Helm in die Schule und bekam die gelbe Verkehrssicherheitsbommelmütze aus Synthetik, aber sobald ich wieder zu Hause war, dachte ich ununterbrochen darüber nach, was ich bloß mit dem Helm anfangen oder wie ich ihn verschwinden lassen könnte. Ich hielt ihn ins Klo, für das er viel zu groß war, ich zog Sanftlebens Komposthaufen in Erwägung und überlegte, ihn wie die zweigeteilte Krähe zu vergraben, aber was würde ich sagen, wenn sie mich fragen sollten: »Niki, wo ist eigentlich der Tropenhelm, das Erbstück deines Ururgroßvaters?« Als hätte mein Vater diese Gedanken hören können, nagelte er einen Haken in die Wand meines Kinderzimmers, und an diesen Haken kam der Helm. Dort sah ich ihn immer, jenes muffige und stickige Ding, das mir Angst einflößte und gleichzeitig ein schlechtes Gewissen machte, weil ich mich nicht darüber freuen konnte, obwohl sie es doch so gut mit mir gemeint hatten. In der Nacht, bei Mondlicht, leuchtete er in der Dämmerung wie ein Totenschädel.

Damals war die Zeit nichts Vorübergehendes für mich, sondern hatte an jenem ersten Schultag die viereckige Gestalt eines Schreibblocks angenommen, der mit dem Grundriss des Klassenzimmers exakt übereinstimmte. Da saß ich jetzt. Ich würde immer hier sitzen, in die rechtwinklig angeordneten Stuhl- und Tischreihen geklemmt, die den kahlen Raum gliederten wie ein Skelett. Über der Tafel hing ein Kruzifix. Daneben stand ein hölzernes, galgenartiges Gestell, an dem Frau Zipf ein Plakat mit Buchstaben befestigt hatte. Katharina saß zwei Reihen vor mir. Sie schien immer schon dagewesen zu sein in meinem Leben, ein roter Farbfleck im nebulösen Grau meiner frühen Erinnerungen, der sich erst dann verdeutlichte, als sie regelmäßig in unser Haus kam, um auf dem Blüthner-Flügel zu spielen.

In der zweiten oder dritten Klasse schickte ich ihr Briefe über die Bänke hinweg, liebst du mich, ja, nein, vielleicht, bitte ankreuzen, weil sie sich darüber so schön ärgerte. Ich beobachtete dann, wie sie den Zettel entfaltete, die Unterlippe vorstülpte und einen roten Kopf bekam, bevor sie den Zettel in die Hosentasche schob, und ich stellte mir vor, ein Teil von mir, meine Gedanken, die ich auf das Papier geschrieben hatte, wären jetzt in ihrer Hosentasche. Einmal schickte ich ihr eine vertrocknete Kreuzspinne, die ich unter der Bank gefunden und in ein Taschentuch gewickelt hatte. Ich hatte wirklich gedacht, sie würde sich darüber freuen, aber sie sprach dann viele Tage nicht mit mir, sondern reckte ihr Kinn in die Höhe und sah über mich hinweg und war ohnehin einen halben Kopf größer als ich.

Frau Zipf mochte uns beide besonders gern. Katharina mochte sie, weil sie begabt war, mich mochte sie, weil ich Nikolas Finck hieß. Oft hob sie uns vor den anderen heraus, indem sie uns in einem Satz zusammenfasste: »Schaut, wie Katharina und Nikolas das gemacht haben.« Die Zuneigung der Frau Zipf war wie ein Band, das uns zusammenschnürte, was Katharina wahrscheinlich unangenehm war, weil sie mich, wie ich glaubte, nicht leiden konnte. Umso erstaunter war ich, als sie mich eines Tages auf dem Schulhof verteidigte, indem sie Edgar Stier, dessen Vater bei uns im Werk II als Schreiner arbeitete, gegen das Schienbein trat. Edgar hatte ein rundes, blasses Gesicht und grünblonde Haare, die vorn flach an der Stirn klebten, am Hinterkopf aber abstanden, als wäre er gerade aus dem Bett gestiegen. Er hatte mir einfach nicht glauben wollen, dass wir auf dem Dach unseres Hauses einen privaten Landeplatz für den PA-200 Tornado und die Cessna T-73B hatten.

»Du lügst doch wie gedruckt«, sagte er. »Alle Fincks lügen wie gedruckt. Ihr seid doch nur so reich, weil ihr alles zusammengestohlen habt!«

Dann hatte er mich am Kragen gepackt und geschüttelt, sodass mein Hinterkopf an die Mauer stieß, aber als Katharina, die neben uns aufgetaucht war, Edgar gegen das Schienbein trat, ließ er mich los. Ich boxte ihm in den Bauch, worauf er in die Knie ging und hinfiel, aber ich hörte nicht auf. Immer wieder boxte ich auf ihn ein, sah sein Gesicht wie von fern, als wäre nicht ich es, der auf ihn einschlug, sondern die Wut, die Fäuste hatte und eine Kraft, die ich nicht beeinflussen konnte, während Edgar am Boden lag und weinte, bis Katharina mich von ihm fortzog.

Später, im geheizten Klassenzimmer, lief Frau Zipf mit ihrem hefeteigigen Gesicht grimmig vor uns auf und ab. Alle waren nach Hause gegangen, nur wir mussten zu dritt nebeneinander auf unseren Stühlen sitzen, Edgar, Katharina und ich, während Frau Zipf schweigend ihre Runden drehte wie ein aufgezogenes Spielzeug. Vor den Fenstern fiel Schnee. Auf dem Lehrerpult stand ein Adventskranz. Ich saß auf dem von meinem Großvater erfundenen stapelbaren Kufenstuhl und stellte mir vor, er wäre ein Schlitten, mit dem ich über die graue, im Licht der Neonröhren spiegelnde Eisfläche des Linoleumbodens davonfuhr.

Edgar habe angefangen, berichtete Katharina.

Er habe mich geschüttelt, sagte ich.

Edgar schwieg und sah finster vor sich hin, während ihm etwas gelbgrünlicher Rotz, der zur Farbe seiner Haare passte, aus der Nase lief.

Frau Zipf, mit vor der Brust verschränkten Armen, blieb kurz stehen, dann ging sie weiter hin und her. Schließlich sagte sie, Edgar habe seine Aggressionen nicht unter Kontrolle, er solle sich bei mir entschuldigen, worauf Edgar den Kopf senkte und mir eine schlaffe Hand hinstreckte. Außerdem bekam er einen Brief für seine Eltern und musste nachsitzen.

Während ich wenige Augenblicke später neben Katharina über den Schnee ging, der den Asphalt des Schulhofs dünn bedeckte, hatte ich das Gefühl, der Erdboden wäre eine brüchige Eisfläche, die kaum merklich in die Schräge gekippt war. Im Vorübergehen sah ich durch die hohen Fenster in unser Klassenzimmer hinein, sah Edgar, der allein an seinem Pult saß und mir hinterherblickte, nicht einmal wütend, sondern traurig, wie resigniert, denke ich heute – als wäre ihm in diesem Augenblick bewusst geworden, dass er gegen solche wie mich niemals eine Chance haben würde.

An jenem Tag gingen Katharina und ich zum ersten Mal ein Stück zusammen, bis sie bei der Linde am Unteren Markt abbiegen musste.

»Sehen wir uns heute Nachmittag?«, sagte ich, als käme sie wegen mir in die Villa Sternbald.

Sie nickte.

4

Am Montagmorgen rief ich die Produktionsfirma an. Jenny, die Sekretärin des Produzenten, sagte, ich solle es später noch einmal versuchen, Pete sei in einer Besprechung, was alles Mögliche bedeuten konnte. Es konnte bedeuten, dass Pete wirklich in einer Besprechung war oder dass er Jenny gesagt hatte, er wolle nicht gestört werden, oder dass er Jenny gesagt hatte, er wolle nicht von mir gestört werden, oder dass er gar nicht da war. Ich solle es am besten am frühen Nachmittag noch einmal versuchen, sagte sie.

Weil ich nicht im Zug mit dem Produzenten telefonieren wollte, beschloss ich, erst nach dem Telefonat, gegen Abend, nach Berlin zurückzufahren, und ging hinunter ins Esszimmer. Es lag im Morgenlicht, ganz still. Auf der langen Tafel war nur noch ein Gedeck übrig geblieben, außerdem eine Thermoskanne mit Kaffee und in einem Korb zwei Brötchen, wie für einen Hotelgast. Alle anderen hatten offensichtlich längst gefrühstückt und waren zu ihren Tätigkeiten übergegangen, worauf das Haus wieder in einen tiefen Schlaf gefallen war, den nur der späte Gast störte.

Nachdem ich mir ein Brötchen geschmiert und gegessen hatte, wusste ich nicht, was ich als Nächstes tun sollte. Alles rückte von mir ab, der Teller, der Tisch, das Zimmer. Leere umgab mich, und ich war wie paralysiert, während die Stille zu rauschen begann, als befände ich mich weit draußen im Meer, schwimmend, ohne zu wissen, wie ich dorthin gekommen war – ein Zustand, von dem ich später nicht sagen konnte, wie lange er gedauert hatte.

Dann ging ich durch das schlafende Haus, leise, um es nicht zu wecken. Ich trat durch die halb geöffnete Flügeltür in den Salon, wo der Bösendorfer stand wie eine im Stehen eingeschlafene schwarze Katze. Die hohe Reihe der Fenster, hinter denen der Garten lag – bei jedem Schritt hatte ich das Gefühl, ich könnte in eine Falle treten, die sich um mich herum blitzschnell schließen würde, indem die Wände und das ganze Haus über mir einstürzten. »Es ist eben ein altes Haus«, pflegte meine Mutter seufzend zu sagen, denn während die Villa Sternbald aus der Ferne herrschaftlich aussah, zumal sie durch ihre Lage auf einem Hügel größer zu sein schien, als sie war, wirkte sie beim näheren Herangehen weniger imposant, ja sogar abgeschabt, die Wände durchzogen von Rissen, feinen Äderchen, die an Krakelee auf alten Ölgemälden erinnerten, von denen hier etliche hingen, mit Alarmanlagen gesichert, weshalb es gefährlich war, zu nahe an die Wände heranzutreten: ein Sisley, ein Wohlschlegel, ein Bleyl, ein früher Ernst und so fort. Die Fußböden, Fischgrätparkett aus Eiche, waren matt und an einigen Stellen etwas abgetreten, die Holzvertäfelungen nachgedunkelt und speckig, das Mobiliar – eine Mischung aus aufgearbeiteten Jugendstilmöbeln und schlichten Designerstücken, die meine Mutter hier hereingestellt hatte, weil sie, wie sie sagte, nicht in einem Museum leben wollte, bequeme Cordsessel und Sitzgruppen, die zugleich zeitlos und historisch waren –, alles war abgewetzt und abgesessen, die Teppiche abgelaufen, ihre Farben durch Sonneneinstrahlung verblichen, und durch die hohe Glasfront im Salon zog es im Winter herein, weshalb man bei Frost zusammengerollte Frotteehandtücher in die doppelten Kastenfenster legte.

Diese Nachlässigkeit war aber nur eine scheinbare. In Wirklichkeit steckte hinter allem, was in die Jahre gekommen war, ein Kalkül. Es sollte zeigen, dass man bei den Fincks keinen Wert auf Äußerlichkeiten legte, sondern darüber erhaben war, und dass man die Zeit, die sich in diesem Gebäude angereichert hatte, nicht zu überdecken suchte mit Renovierungen und Konsum, den man für eine Vorliebe der sogenannten Neureichen hielt. Die Fincks waren Altreiche und hatten das Zurschaustellen dieses Altreichtums nicht nötig, weil es wichtigere Werte gab als das Geld. Geldausgeben hatte immer etwas Vulgäres an sich gehabt, weshalb das Geld von meinen Eltern zwar eingenommen, aber nur ungern ausgegeben worden war, und ich hatte mich gefragt, welche Bedeutung das Geld dann hatte. Einerseits war mir signalisiert worden, Geld sei nicht wichtig, andererseits implizierte der Umstand, dass man es nicht gern hergab, das Gegenteil. Es schien das Allerwichtigste zu sein, warum sonst in aller Welt wollten sie es unbedingt behalten?

Sebastian und mich hatten meine Eltern vom potenziell schädlichen Einfluss des Geldes weitgehend abgeschirmt. Konsumobjekte, wie sie sie nannten, waren in eine Sphäre gerückt worden, die für das Geld der Fincks unerreichbar war: Während andere für ihr Geld Turnschuhe oder Mofas kaufen konnten, galt die Finck'sche Währung nur im Land der vermeintlich sinnvollen Kulturgüter, der Musikinstrumente, Opernbesuche und des Geigenunterrichts. Urlaub machten wir im Gebirge, um zu wandern, oder in der Fränkischen Schweiz, wo wir ein Ferienhaus hatten oberhalb des Dorfes Waischenfeld. Meine Eltern hatten auch eine Wohnung in Wien, um mit uns jederzeit das Burgtheater und die Museen besuchen zu können, während andere nach Italien oder Mallorca fuhren.

Ich ging durch den Wintergarten, in dem ein grünliches Licht flimmerte wie in einem Aquarium. In den alten Glasscheiben waren Luftblasen, als hätten Fische sie hinterlassen. Ich setzte mich auf einen der Korbsessel, der in der Unterwasserstille knirschte. Die Bäume vor dem Fenster standen reglos, die weißen Apfelblüten sahen wie gefroren aus. Nicht einmal Sanftleben war irgendwo im Garten unterwegs, es war, als hätten alle dieses Haus verlassen, ein auf Grund gesunkenes Schiff. Nur ich hatte den Untergang nicht mitbekommen, nur mich hatte man vergessen, dachte ich, ein Gefühl, das mich wieder in die Kindheit zurückversetzte, wo ich mich oft von allen vergessen gefühlt hatte, was ihnen offenbar entgangen war, nicht aber meine Wut. Meine angebliche Wut aus dem Nichts heraus. Die Entstehung der Wut aus dem Nichts. Die Entstehung des Universums aus dem Nichts. Ich habe mich oft gefragt, wie dieses Nichts, aus dem meine Wut angeblich entstand, zu definieren wäre. Was war denn das Nichts? War ich das Nichts?

Mein Großvater, der Zauberer, hatte mir einmal gesagt, es sei nicht möglich, dass etwas aus dem Nichts entstehe. Das Universum sei der Beweis, dass Gott existiere. Damit etwas aus dem Nichts entstehen könne, müsse etwas da sein, das über das Nichts herrsche.

Dann sei aber am Anfang nicht nichts gewesen, antwortete ich, sondern es habe einen Gott gegeben, der nicht nichts gewesen sei.

»So ist es«, sagte er, während wir über die Wiesen der Sebaldushöhe zur Fabrik hinübergingen. »Siehst du den bläulich-länglichen Berg dort am Horizont, das ist der …«

»Moritzberg«, ergänzte ich.

Mein Großvater, der auf einem Grashalm kaute, nickte zufrieden.

Im Vorzimmer seines Büros, im Reich des Fräulein Mandel, setzte ich mich an den niedrigen Glastisch, auf dem immer Stifte und Papier für mich bereitlagen, und malte Gott als ein riesiges blaues Gesicht mit lockigen Haaren und einem gewaltigen Maul, aus dem er das Universum in den leeren Raum speit. Die Entstehung des Universums aus dem Nichts, hatte ich das Bild genannt. Gott ist das Nichts, hatte ich gedacht. Drehte man die Wörter um, dann hieß es: Nichts ist Gott. Mein Großvater hatte das Bild mitgenommen und in seinem Arbeitszimmer unter dem Dach, der Dachkammer, wie wir sie nannten, an die Wand gehängt, neben den Druck einer spätmittelalterlichen Radierung, die das Universum nach Ptolemäus zeigte, und ein Porträt von Immanuel Kant.

Ich sollte abfahren, dachte ich. Ich war schon viel zu lange hier, aber ich musste ja noch den Produzenten anrufen, und womöglich würde ich wegen des Treatments nach München zum Bayerischen Rundfunk fahren müssen, sodass es sinnlos wäre, zuerst wieder nach Berlin zu fahren. Ich dachte an Ele, die sich vielleicht schon wunderte, dass ich nicht zurückkam, ich dachte an Katharina, aber unser Wiedersehen kam mir unwirklicher vor als meine Erinnerung an sie.

Ich stand auf, der Sessel knirschte übertrieben laut in der Stille. Ich ging durch die Eingangshalle, als ginge ich durch einen Traum, in dem man alles wiedererkennt, obwohl die Proportionen der Räume kaum merklich verschoben sind, gedehnt oder gestaucht, wie Kulissen, die man eilig aufgebaut und etwas schief vor die Leere gestellt hat. Abfahren, dachte ich, du fährst jetzt sofort nach Berlin, stattdessen stieg ich die Treppe hinauf, als suchte ich jemanden. Ich ging an all den Bildern der traurigen Kinder vorbei, die hier gelebt hatten, sah meinen Urgroßvater Jean mit den lockigen hellen Haaren, die ihm bis auf die Schultern fielen, sah meinen Großvater Henry mit Tropenhelm, sah mich selbst. Die Bilder hatten sich nicht verändert in all den Jahren, dachte ich. Die Vergangenheit ist das Einzige, das nicht vergeht.

Von der oberen Galerie aus warf ich einen möglichst unbeteiligten Blick in mein ehemaliges Kinderzimmer, das nunmehr eines der Gästezimmer war, und ging weiter in die Bibliothek, in der nie jemand las, als wären die Bücher Ausstellungsstücke, die man nicht anfassen durfte wie die Gemälde an den Wänden. Das Deckenfresko in der Farbe des Abendhimmels, das mein Urgroßvater Jean bei einem Nürnberger Kunstmaler in Auftrag gegeben hatte, zeigte die zwölf Tierkreiszeichen und war, wie mir jetzt auffiel, an manchen Stellen durch den Lichteinfall etwas verblichen. Ich öffnete die mit grünen Glasintarsien gefüllte Schiebetür zum Musikzimmer, in dem mein Großvater, wenn er nicht gestört werden wollte, seine Schallplatten gehört hatte, und ich dachte, man müsste noch einen Nachhall der vielen Töne hören können, aber meine Erinnerung erzeugte nur ein fernes, undeutliches Brausen.

Dann stieg ich die schmale Treppe zum Dach hinauf, wo das Arbeitszimmer des Zauberers gewesen war, ein nahezu quadratisches Zimmer mit drei dicht nebeneinander angeordneten hohen

Fenstern im Giebel und einem halbrunden Balkon. Grastapeten aus den Siebzigerjahren. Es war kalt hier oben, der Raum schien den vergangenen Winter gespeichert zu haben. Vergilbte Vierecke an den Wänden, offenbar von den Bildern hinterlassen, die man nach dem Umzug meines Großvaters abgehängt und unten im Parterre in seinem rollstuhlgerechten Zimmer wieder aufgehängt hatte. Nur das Universum nach Ptolemäus war übrig geblieben, das Universum nach Nikolas Finck hatten sie abgehängt und wahrscheinlich weggeworfen.

Ich öffnete die Balkontür, die ein wenig klemmte. Es war schon früher so gewesen, dass sie im Sommer schwerer ging – jetzt klemmte sie bereits im Frühling, schabte über den Fußboden. Ich trat auf den Balkon hinaus, wo giftgrünes Moos in den Fugen der Fliesen ein geometrisches Muster bildete. Der Lack des Geländers war abgeblättert, das Metall verrostet. Hier, wo man den weitesten Blick über den Garten und die Ziegeldächer des Dorfes hatte bis zur bewaldeten Geroldshöhe mit dem Kirchturm und den Türmen der drei sandsteinfarbenen Schlösser, hatte mir mein Großvater manchmal die Sternbilder erklärt, und ich hatte gedacht, es wäre eine Kuppel glitzernder Augen, die mir zuschauten. Ich lehnte mich über die Reling, sah den runden, von einem Gürtel aus Schilf gerahmten Gartenteich. Daneben stand das Kutscherhaus, das meine Eltern zu einer Gästewohnung umgebaut hatten, um es im Rahmen ihrer Stiftertätigkeit *Kulturschaffenden*, Künstlern oder Schriftstellern, zur Verfügung zu stellen wie derzeit Dr. Gregor Achaz.

Von hier oben sah man, im hintersten, von Efeu und dunklen Büschen und Heckenrosen überwucherten Winkel des Gartens, auch das alte Bienenhäuschen meines Urgroßvaters Jean – bewachsen mit Moos und silbrigen Flechten, das Dach schief, die breite Glasfront blind und von Sprüngen durchquert. Das Gebäude schien ein Teil der Vegetation geworden zu sein, und früher hatte ich gedacht, es wäre nie gebaut worden, sondern aus dem Boden gewachsen wie ein Baum, der irgendwann stirbt und vom nachwachsenden Wald überwuchert wird. Sanftleben hatte dort Bretter und Hölzer aufbewahrt, sodass es innen nach Sägespänen gerochen hatte, das Licht, das durch die Scheiben fiel, war dunstig gewesen. Ich hatte mich manchmal hinter den Brettern versteckt, obgleich es viel geeignetere Orte dafür gegeben hätte als dieses durchsichtige Gehäuse, aber sie hatten mich nicht gesucht und daher auch nicht gefunden, und ich erinnerte mich an das Gefühl, selber durchsichtig zu sein im glasigen Licht.

Mein Großvater hatte mir einmal gesagt, er habe hier als kleiner Junge immer etwas Angst gehabt, weniger vor den Bienen als vielmehr vor dem immensen Gesumm, hinter dem sein Vater wie in einer schwarzen Wolke verschwunden sei. Es war eines der wenigen Male, dass er von seinem Vater Johann erzählt hatte, genannt Jean, denn meistens hatte er von seinem Großvater Ferry gesprochen, der die Columba-Schulbank erfunden hatte und in Paris mit der Großen Erfindermedaille ausgezeichnet worden war, die der Zauberer mir oft gezeigt hatte, in einem mit dunkelblauem Samt bespannten Kästchen.

Unten öffnete sich die Tür des Kutscherhauses, und Achaz trat heraus, zündete sich eine Zigarette an. Er stand vor seiner Tür und rauchte, indem er versunken in die Bäume blickte, vielleicht dachte er über eine Verszeile nach. Ich ging wieder rein, um ihn nicht zu stören, stieg die Treppe runter, überquerte die obere Galerie und öffnete die Tür zum Blüthner-Zimmer, in dem der bräunlich schimmernde Flügel der Charlotte Stein auf seinen drei filigran gedrechselten Beinchen stand, als wäre er vor vielen Jahren in der Bewegung erstarrt wie ein Insekt im Bernstein.

Ich sah Katharina am Flügel sitzen, von hinten, in ihrem roten Wollpullover, sah mich ins Zimmer schleichen, sah ihre langen, etwas strähnigen Haare, die sich im Takt der Musik bewegten, weil ihr Oberkörper hin und her wippte. Ich schlich mich dicht an sie heran, blieb hinter ihr stehen, hielt den Atem an, damit sie ihn nicht spürte auf ihrem Haar, ihrem Kopf, den sie ein wenig neigte. Dann beugte ich mich vor, küsste sie auf die Wange, spürte das Bitzeln eines elektrischen Schlags auf meinen Lippen, worauf sie erschrak, die Hände von den Tasten zurückzog und aufsprang, indem sie mir eine Ohrfeige auf die Wange klatschte in einer einzigen Bewegung.

»Du bist elektrisch«, sagte ich.

»Hau ab!« Sie wischte mit dem Handrücken über ihre Wange, als könnte sie meinen Kuss fortwischen, und sah mich aus schmalen Augen an.

»Das ist immer noch unser Haus, Madame.«

Sofort packte sie ihre Noten zusammen, klemmte sie sich unter den Arm und stapfte mit erhobenem Kopf an mir vorbei durch die Tür, wobei ihr eines der Notenhefte runterfiel. Ich wollte es ihr hinterhertragen, warf es dann aber über die Brüstung der Galerie und beobachtete, wie das Exemplar mit der Aufschrift Bach oder Beethoven die Schwingen ausbreitete und in die Eingangshalle hinuntersegelte.

Jetzt stand ich in der Bernsteinstille des Blüthner-Zimmers. Ich sah den Flügel, und gleichzeitig sah ich mich selber hier stehen, viele Jahre vorher. Ich sah von der Tür aus ins menschenleere Zimmer, ein Junge von vielleicht vierzehn oder fünfzehn Jahren, und betrachtete das Instrument, das verlassen im Zimmer stand. Ich stellte mir vor, wie Charlotte Stein an diesem Flügel gesessen und gespielt haben mochte. Ich meinte, die Musik zu hören. Ich sah sie von hinten, das dunkle lockige Haar war im Nacken kurz geschnitten, und sah sie auch für den Bruchteil einer Sekunde von der Seite, ihr blasses Gesicht, das sie mir zuwandte, die Linie der Nase, ihr Lächeln, das ich nur von Fotografien kannte, und ich hatte dieses Bild so deutlich vor

Augen, das Bild von etwas, das ich gar nicht gesehen, sondern mir nur vorgestellt hatte, dass es mir genauso wahrhaftig vorkam wie nun die Erinnerung an Katharina.

Ich verließ das Blüthner-Zimmer wieder, schloss leise die Tür. Ein Klavier, auf dem nicht mehr gespielt wird, ist die Verkörperung von Stille, dachte ich. Ich sollte wirklich abfahren, aber ich musste dringend mit dem Produzenten sprechen, und es war noch nicht einmal Mittag. Ich könnte Katharina anrufen. Aber wozu? Dachte ich etwa, wir könnten die Jahre zurückholen, die längst verschwunden waren? Wir könnten unser Leben umdrehen wie eine Sanduhr und die Zeit aufs Neue verrieseln lassen? Das Stundenglas müsste unten offen sein, der Sand ins Bodenlose fallen. Aber wo würde sich dann die Vergangenheit sammeln, jenes seltsame Material, das, als Zukunft, in Sekundenbruchteilen durch die Enge der Gegenwart schlüpft und von ihr umgewandelt wird? Ich sah von der oberen Galerie in die Eingangshalle hinunter, wie früher, wenn meine Eltern Gäste gehabt hatten und es mir verboten worden war, noch einmal herunterzukommen, selbst wenn ich nicht schlafen konnte oder Angst hatte, was dasselbe war. War es, dachte ich, das Gedächtnis, das die Sanduhr umdrehte, und die Zeit immer wieder wie von Neuem verrieseln ließ?

Unten öffnete sich die Haustür, und ich hörte Motorengeräusche, das Klappen von Autotüren. Meine Mutter ging mit einem riesigen Einkaufskorb, aus dem Büschel von Gemüse und Kräutern hingen, durch die Halle, gleichzeitig wurde der Rollstuhl meines Großvaters von der anderen Seite hereingefahren, und meine Schwägerin tauchte mit dem Baby auf, gefolgt von den beiden Jungs, die durch die Halle rannten. Als Letzter kam mein Vater, Hände in den Hosentaschen, und blieb unschlüssig stehen. Er sah nach oben, vielleicht hatte er meinen Blick gespürt. Und wieder hatte ich den Eindruck, er müsste kurz überlegen, wer ich war, welcher der zahlreichen Gäste meiner Mutter ich wohl sein könnte.

»Wie hieß noch dein Schulfreund, Nikolas?«, rief er zu mir herauf.

Ich wusste nicht, wen er meinte. So war es immer gewesen: Er fragte mich etwas, und ich wusste nicht, was er meinte. »Welcher Schulfreund?«, rief ich hinunter.

»Der Sohn vom Gerald Stier.«

»Ach so, Eddie«, sagte ich. »Edgar Stier.«

»Richtig, Edgar. Der ist jetzt im Gemeinderat. Ich soll dich schön grüßen.«

»Danke«, sagte ich. »Freund ist wohl etwas übertrieben.«

»Hm?«, machte mein Vater, der eine Hand aus der Hosentasche gezogen hatte, um auf seine Armbanduhr zu sehen.

»Ach nichts«, sagte ich. »Arbeitet er noch bei euch?«

»Ja, natürlich. Er ist Meister im Werk III oder IV. Fleißiger Mann.«

Und trotzdem hast du seinen Vornamen vergessen, wollte ich sagen, das wäre deinem Vater nicht passiert. Aber ich schwieg. Er hätte mir sowieso nicht mehr zugehört, sondern schlenderte pfeifend durch die Halle in Richtung Esszimmer.

Später saßen wir um die lange Tafel.

»Herr Sanftleben, essen Sie doch eine Kleinigkeit mit uns!«, hatte meine Mutter gerufen, als er an der Terrassentür vorbeigegangen war, und kurz darauf hatte sie »Herr Dr. Achaz, essen Sie doch mit uns!« gerufen, als dieser mit Zigarette in der Hand die Wiese überquert hatte. Sie habe nur schnell eine Kleinigkeit gemacht, Frau Blümel, die Gute, habe nach dem anstrengenden Wochenende ein paar Tage frei.

Mein Vater fragte Sanftleben, wann er die alte Esche hinter dem Haus fällen wolle, am Freitag habe er Zeit, sein Sohn sei gegen Ende der Woche auch wieder hier. Es dauerte mehrere Sekunden, bis ich begriff, dass er nicht mich, sondern Sebastian meinte. Achaz bot seine Hilfe an, obgleich man sich schwer vorstellen konnte, wie der Nachwuchsschriftsteller einen Baum fällt, dachte ich, wohingegen mein Vater gern im Garten half, genau wie mein Großvater, der mit Sanftleben, wann immer er Zeit gehabt hatte, im Garten gewesen war und über Apfel-, Birnen- und Zwetschgensorten gefachsimpelt hatte, in breitem Fränkisch, weil er seine Sprache dem jeweiligen Gesprächspartner anpassen konnte, ein Sprachchamäleon, das alle Abstufungen des Fränkischen bis hinauf zur nahezu akzentfreien Hochsprache beherrschte und manchmal auch mit einem Münchnerischen Zungenschlag redete (seine Mutter war Münchnerin gewesen), während mein Vater nicht einmal mehr über das Fränkische vollkommen verfügte, was ihn aber keineswegs davon abhielt, es trotzdem zu versuchen, wenn er mit *einfachen Leuten* sprach, nur gelang es ihm nie richtig. Es verrutschte in seinem Mund, und mitunter hatte ich beobachtet, dass man sich hinter seinem Rücken darüber lustig machte. Wahrscheinlich ließ es ihn aber sympathisch erscheinen, wie ihn auch die Gartenarbeit sympathisch erscheinen ließ.

Mein Großvater saß in seinem Rollstuhl an der Stirnseite der Tafel. Er blickte sphinxenhaft über den Tisch hinweg und öffnete den Mund, sobald der Löffel, den Ivona führte, sich näherte – ein Essautomat, der immer weitergegessen hätte, wenn Ivona ihm immer weiter den Löffel hingehalten hätte, mit einem nussknackerhaften Öffnen und Zuklappen des Kiefers.

Die Kinder steckten sich gegenseitig Rigatoni in die Nase.

Meine Mutter sagte, der georgische Klavierstimmer komme Ende der Woche und bleibe ein paar Tage.

Meine Schwägerin wies die Kinder zurecht.

Ich steckte mir Rigatoni in die Ohren und wackelte mit ihnen, was ich von meinem Großvater gelernt hatte.

Die Kinder prusteten vor Lachen. Tomatensoße spritzte über den Tisch. Meine Schwägerin wischte mit einer Serviette herum.

»Nikolas, kannst du bitte damit aufhören!«

»Vielleicht bin ich dann ja auch noch da«, sagte ich.

»Wie bitte?« Mein Vater hatte eine Tulpe aus der Vase genommen, um sie zu betrachten, und sah mich jetzt über den Rand seiner Brille hinweg an.

»Vielleicht kann ich ja auch helfen mit der Esche«, sagte ich.

»Ach«, sagte meine Mutter, die Salat auf einen Vorlegelöffel gehäuft hatte und nun in der Bewegung innehielt. Ihr Lächeln schwebte über dem Tisch, und ich dachte, gleich stürzt es ab, aber es blieb in der Schwebe. »Schön, Niki, dass du noch bleiben willst.«

»Ich weiß es aber noch nicht«, sagte ich, »vielleicht.«

»Du kannst selbstverständlich bleiben, so lange du willst. Möchtest du noch Salat?«

Mein Vater hielt noch immer die Tulpe in der Hand und erklärte seinen Enkeln den Aufbau des Blütenkelchs, Staubbeutel, Fruchtknoten, Griffel, wobei er seine Hornbrille in die Stirn schob, um besser sehen zu können. Sanftleben habe die Tulpe selbst gezogen, aus Samen, die er den Blüten entnommen habe, so wachse eins aus dem anderen, sagte er.

Sanftleben faltete seine Serviette zusammen. Er trug ein kariertes Hemd, an dem noch einige Grashalme hingen, und auch an seiner ausgebeulten Cordhose hing etwas Gras, was mir auffiel, als er aufstand und durch die Terrassentür wieder in den Garten ging. Warum er nicht längst in Rente sei, hatte ich ihn während der Feier gefragt, wie er es immer noch aushalte in diesem Haus? Er hatte mit den Schultern gezuckt und geschwiegen, und als ich schon nicht mehr mit einer Antwort rechnete, hatte er gesagt: »Ach Niki, wenn ich nicht mehr in mein' Garten kann, dann leg ich mich hin und steh nimmer auf.«

Auch Achaz ging nach draußen, rauchte auf der Terrasse eine Zigarette. Ivona fuhr mit dem Zauberer durch die Flügeltür ins dämmrige Innere des Hauses davon und verschwand. Alle verschwanden und ließen mich allein zurück. Während die Einsamkeit in einem leeren Haus etwas Gewöhnliches ist, ist die Einsamkeit unter Menschen etwas Ungewöhnliches, Pathologisches, dachte ich, aber vermutlich waren die anderen auch einsam, bloß merkten sie es nicht oder hielten es für etwas Normales. Nur du hältst immer alles für unnormal, aber das Unnormale ist wahrscheinlich das Normale, dachte ich, während ich nun selbst nach draußen ging. Ich zündete mir exakt an der Stelle, wo vorher Achaz gestanden und geraucht hatte, eine Zigarette an und überlegte, von wo aus ich den Produzenten anrufen sollte, als hätte der Ort meines Anrufs eine Auswirkung auf den Gesprächsverlauf.

Der Volvo meiner Schwägerin, die offenbar etwas vergessen hatte, kroch wie ein eiliges Reptil den Hügel herauf. Oben hielt sie an, stieg aus und kam über die Wiese direkt auf mich zu.

Ob sie die beiden Jungs bei mir lassen könne, fragte sie. Sie müsse mit dem Baby zur Physiotherapie, ich sei doch am Nachmittag noch da, sagte sie, und bevor ich etwas einwenden konnte, war sie zum Auto zurückgeeilt, um die Jungs aussteigen zu lassen. »Danke!«, rief sie herüber und deutete aus dem Fenster eine Kusshand an, während die Kinder, wie verloren, auf der großen Wiese standen und dem Wagen hinterherblickten, der rückwärts den Kiesweg hinuntersurrte und verschwand, als wäre es für immer, dachte ich.

»Na schön!«, rief ich. »Soll ich euch beibringen, wie man mit den Ohren wackelt?«

Wir stellten uns vor die Fenster des Salons, um uns in den spiegelnden Scheiben zu betrachten. Es erfordere viel Konzentration und Übung, mit den Ohren zu wackeln, erklärte ich ihnen.

Man müsse jeden Tag üben, aber irgendwann gehe es dann, es sei genauso wie mit dem Fliegen.

»Mit dem Fliegen?«, wiederholte Johann, der Ältere der beiden.

»Genau«, sagte ich.

»Menschen können nicht fliegen«, sagte er.

»Ich konnte es mal«, sagte ich. »Der heilige Sebald hat es mir beigebracht, aber sagt es niemand.«

»Ha, ha, ha«, sagte Johann.

Elias sah mich forschend an.

»Leider habe ich es verlernt, als ich erwachsen geworden bin.«

Johann verdrehte die Augen.

»Man wird schwerer und schwerer, und irgendwann kann man nicht mehr fliegen«, sagte ich und seufzte.

»Wer ist der heilige Sebald?«, fragte Johann.

»Ein sehr alter Zauberer. Er kann aus Eiszapfen Feuer machen, und er kann fliegen, obwohl er erwachsen ist.«

»Wir haben auch ein Geheimnis«, sagte Johann und blickte mich mit großen Augen an, als wollte er mich hypnotisieren.

»Verrätst du es mir?«, flüsterte ich und hockte mich vor ihm hin.

»Wir sind keine Kinder«, sagte Johann leise. »Wir sind Kobolde.«

Ich staunte. »Mir kam gleich etwas seltsam vor an euch. Ich wusste nicht, was es war, aber natürlich«, sagte ich und nickte.

»Mama und Papa glauben es nicht. Sie tun nur so, als würden sie es glauben.«

»Sie können nichts dafür. Sie meinen es nicht böse«, sagte ich.

Elias nickte, und Johann sah nachdenklich vor sich hin. Er hielt eine längliche Schachtel unter die Achsel geklemmt.

»Was ist da drin?«, fragte ich.

»Meine Tiere.« Er zog die Schachtel unter dem Arm hervor.

Es handelte sich um einen iPhone-6-Karton mit Luftlöchern, den er öffnete, worauf ein strenger Geruch herausströmte und Falter, Feuerwanzen, Käfer und Spinnen zum Vorschein kamen. »Sie sind tot«, sagte er und zählte mir die Namen auf, die er den Tieren gegeben hatte.

»Ich habe früher auch tote Tiere gesammelt«, sagte ich leise.

»Zeigst du sie mir?«

»Ich habe sie nicht mehr.«

»Warum?«

»Ich weiß nicht«, sagte ich. »Ich habe sie irgendwann verloren.«

»Hier«, sagte Johann und gab mir eine vertrocknete Feuerwanze, »schenke ich dir. Sie heißt Gisberta.«

»Danke«, sagte ich, »hallo, Gisberta.« Ich hielt die Wanze in der flachen Hand.

»Weißt du, die toten Tiere können nicht mehr sterben«, sagte er. »Sie sind unsterblich.«

»Du hast recht.«

Ich betrachtete die Wanze, die mit geknickten, vertrockneten Beinchen auf meiner Hand lag. Wann hast du zum letzten Mal mit einer unsterblichen Feuerwanze gesprochen, dachte ich und versuchte mich zu erinnern, wie ich den Tieren in meiner Schachtel Namen gegeben und mit ihnen gesprochen hatte, obwohl sie tot waren. Nein, für mich waren sie nicht tot gewesen, sie lebten nur nicht, was ein Unterschied war. Außer Katharina hatte ich die Tiere nur meinem Großvater gezeigt, der mir erzählt hatte, sein Vater Johann, von allen Jean genannt, sei Insektenforscher gewesen, er habe die Insekten besser verstanden als die Menschen, was ich als Kind nachvollziehbar gefunden hatte. Ob sich alles wiederholte, dachte ich, in einer Familie? Oder ob ich es mir nur einbildete, weil die Menschen einander ähnelten, die Väter und die Söhne? Gut, dass du keine Kinder hast, dachte ich. Ich verspürte ein Bedauern und eine Zärtlichkeit für meine

Neffen und fragte mich, warum sie sich langsam und unaufhaltsam in Erwachsene verwandeln mussten.

Auf Johanns iPhone-Karton stand in roten Druckbuchstaben geschrieben: MEINE TOTEN TIRE.

»Warum hast du Luftlöcher in den Deckel gemacht?«, fragte ich.

»Vielleicht fangen sie irgendwann wieder an zu leben, dann brauchen sie Luft zum Atmen.«

»Sehr vernünftig«, sagte ich, während ich die Feuerwanze weiter betrachtete, und obwohl das Tier kaum Ähnlichkeit mit dem Produzenten hatte, fiel mir plötzlich ein, dass ich dringend Pete anrufen musste. Ich sah auf die Uhr. »Bin gleich wieder da«, sagte ich, trug auf der ausgestreckten Handfläche die Feuerwanze vor mir her und wusste nicht, wo ich sie hintun sollte. Ich ging hinters Haus, zu den Garagen, und legte Gisberta auf ein efeubewachsenes Mäuerchen. »So, Gisberta, hör gut zu«, sagte ich und hielt mir das Handy ans Ohr.

Jenny, die Assistentin, meldete sich. Pete sei gerade nach Grünwald rausgefahren, er habe einen Termin in den Studios. Ob ich es auf dem Handy versucht hätte?

Er gehe nicht ran und rufe nicht zurück, sagte ich, seit Tagen.

Pete habe wahnsinnig viel zu tun.

Ob er das Treatment gelesen habe?

Er habe es jedenfalls ganz oben auf seinem Tisch liegen, sagte Jenny. »Ich schreibe ihm einen Zettel. Wenn er wieder reinkommt, soll er als Erstes dich anrufen, Nik, versprochen.«

Ich betrachtete wieder Gisberta, die tot und unsterblich auf dem Mäuerchen lag, als schliefe sie. An ihr vorbei huschten in langen Prozessionen winzig kleine hellbraune Ameisen, die fast durchsichtig waren. Wie Judiths Haare, dachte ich und wählte Petes Nummer, ohne Hoffnung, dass er abheben würde. Aber schon nach dem zweiten Tuten meldete er sich.

»Nik, wo brennt's denn?«

Ob er das Treatment gelesen habe?

Er sitze im Auto, sagte Pete.

»Hast du es gelesen oder nicht?«

»Ich habe reingelesen.«

»Reingelesen?!«

»Hör mal«, sagte er. »Ich habe gesagt, ich melde mich, sobald ich es gelesen habe.«

»Das war vor zwei Monaten.«

»Nik, du kannst nicht davon ausgehen, dass du immer zuerst drankommst.« Rauschen drang aus dem Telefon, ich verstand nur Bruchteile: »Schreibtisch … Post-Production … idiotisch.« Dann sagte er klar und deutlich: »Was du dir auf Mallorca geleistet hast, war echt ein Unding, das geht so überhaupt nicht, no way.«

»Okay, okay«, sagte ich. »Und jetzt willst du mich bestrafen, indem du meine Drehbücher nicht mehr liest, oder was? Dann schmeiß mich doch gleich raus, dann schick ich den Scheiß eben an jemand anders. Aber mach das Maul auf!«

»Und du könntest das Maul mal zumachen!«

»Der Typ war ein Riesenarschloch.«

»Aber er ist ein guter Schauspieler, und er bringt Quote, Scheiße noch mal.«

»Es war nur Wasser, Pete! Wasser! Wie findest du es denn?«

»Lass uns demnächst in Ruhe drüber reden. Ich sitze im Auto. Das Setting ist … interessant.«

»Interessant«, wiederholte ich wie ein Papagei.

»Wenn du mich mal ausreden lassen würdest …«

»Okay«, sagte ich.

»Ich finde es interessant, aber sehr komplex. Sehr viele Figuren, das müsste man …« Wieder knackte es im Telefon. »Ambitioniert.«

»Pete?« Ich hörte nur Rauschen, sprach ins Rauschen hinein. »Pete, es ist eine Geschichte, die sich über viele Episoden entwickelt, verstehst du? Sie beginnt im Jahr 1914, unmittelbar vor dem Ersten Weltkrieg, und geht bis 1933, bis zur Machtübertragung an Hitler. Die Geschichte *ist* komplex, Pete. Und sie spielt nicht zufällig in der Filmbranche. Hier lässt sich alles bündeln, verstehst du, wie in einem Brennglas: die technischen Umbrüche, die ästhetischen, die gesellschaftlichen Veränderungen. Ich bin in Nürnberg, ich könnte nach München kommen, Pete?«

Ich bekam keine Antwort, nur Rauschen.

»Scheiß die Wand an«, murmelte ich und sah zu Gisberta, die immer noch tot auf dem Mäuerchen lag. Ich setzte mich neben sie, zündete mir eine Zigarette an. »Weißt du, Gisberta, so ist das. Geh bloß nicht zum Film, wenn du mal groß bist. Das sind alles Riesenarschlöcher beim Film, aber wichtige Arschlöcher. Und ich bin eigentlich gar kein Drehbuchautor, sondern hauptberuflich bin ich Arschlochfahrer am Set, weißt du, der Fahrerarsch.«

Ich rauchte gedankenverloren, während Gisberta mich fragend anschaute, als hätte sie nicht richtig verstanden.

»Ich fahre auf Mallorca den Starschauspieler von A nach B«, fuhr ich fort, »und ich habe ihm die Wasserflasche zu bringen, wenn er eine haben will. Wir sitzen vor seinem Wohnwagen, vor uns ein Tisch, auf dem sind Wasserflaschen aufgebaut, San-Pellegrino-Flaschen, eine neben der anderen. Der Typ sagt, ich soll ihm eine Flasche Wasser geben. Ich sage, da stehen die Flaschen, er kann sich doch selber eine nehmen, aber er schüttelt den Kopf und grinst mich an. ›Das ist deine Aufgabe‹, sagt er und grinst. Also nehme ich eine Wasserflasche, drehe den Verschluss auf und schütte ihm das Wasser über den Kopf, bis die Flasche leer ist.«

Ich lachte. Ich fand es eigentlich immer noch witzig. Ich wusste nicht, ob Gisberta es auch witzig fand, aber ich hatte den Eindruck, als lächelte sie verschmitzt, während sie auf ihrem

Mäuerchen lag und die schwarzen Beinchen in die Höhe streckte. Dann drehte sie sich auf einmal auf den Bauch und fing wieder an zu leben. Nein, sie blieb tot und regte sich nicht. Ich wusste nicht einmal, ob sie mich verstanden hatte. Und der Schauspielstar hatte es überhaupt nicht witzig gefunden, sondern meine Entlassung gefordert, worauf der Produzent persönlich am Set erschienen war, um die Wogen, die San-Pellegrino-Wogen, zu glätten, weshalb ich es einzig und allein dem Produzenten Pete, PP, wie ich ihn nannte, zu verdanken hatte, dass mir nicht fristlos gekündigt worden war. Dem Star aber hatte man zur Besänftigung einen größeren Wohnwagen gegeben.

Allerdings schien PP jetzt meine Treatments nicht mehr zu lesen, als Strafe, und einen Fahrerjob hatte ich von der Produktionsfirma auch nicht mehr bekommen, und die Tierarzt-Serie wurde abgesetzt wegen schlechter Quoten, und Ele hatte mich verlassen, und ich hatte nicht einmal mehr eine Wohnung, genau genommen. »So ist das, Gisberta«, sagte ich.

Es war sehr still im Garten, nur Vogelgezwitscher in den Bäumen, ein sanfter Wind, und plötzlich meinte ich zu schweben, einige Zentimeter über dem Mäuerchen auf einem Luftkissen, ein wattiertes Gefühl wie ein leichtes Kribbeln im Gehirn, das sich über den ganzen Körper ausbreitete. Ich riss die Augen auf. Starrte in den hohen Himmel, an dem die Wolken vorüberrauschten, im Zeitraffer, Sekunden und Jahre. Fliegen, dachte ich, du fliegst ja, wie es der heilige Sebald dich gelehrt hat – weil man dir den Boden unter den Füßen weggezogen hat, fliegst du. Ich sprang auf. Der Gartenteich, dachte ich, während ich über die Wiese rannte und kaum den Boden berührte, die Kinder konnten wahrscheinlich nicht schwimmen, und ich sah ihre kleinen Körper bereits leblos auf dem Wasser treiben, die Jacken aufgebläht, die Gesichter nach unten gerichtet, als betrachteten sie die Fische.

Ich fand sie hinter dem alten Bienenhäuschen, wo sie Stöcke aus dem Gebüsch zerrten. Sie sahen mich erst nicht, so konzentriert waren sie bei der Arbeit.

»Onkel Niki«, sagte Johann, nachdem er mich dann doch bemerkt hatte, »du kannst auch mitmachen.« Er streckte mir seine Hand hin, die weich und etwas klebrig war. »Komm, wir bauen uns ein Haus!«

5

Ein Foto, das ich immer wieder betrachte, zeigt meinen Urgroßvater Ferry. Er trägt eine Nickelbrille, einen hohen weißen Hemdkragen, einen Schnauzer wie Nietzsche, buschige Koteletten. Langsam wird in meiner Vorstellung, wie bei einem Zoom-Out, die Umgebung sichtbar: hohe, mit Stahl gefasste Sprossenfenster, eine Reihe von Schirmlampen über Tischen, Mobiliar, das im Hintergrund verschwimmt. Ferry steht im Büro seiner Dampfschreinerei. Ich bilde mir ein, ein leichtes Stirnrunzeln zu sehen, den Anflug einer Irritation in seinem Blick. Vielleicht merkt er, dass ihn jemand anschaut aus einem anderen Jahrhundert, den Schauer der Zeit. Und er schüttelt kurz den Kopf, als wollte er einen Gedanken verscheuchen, streicht sich die Rockschöße glatt, richtet seinen Kragen, bevor er sich über die technischen Zeichnungen einer Schulbank beugt und wieder ganz bei seinem Thema ist. Seinem Lebensthema.

Das Kind soll in der Bank eine aufrechte Haltung erlangen. Die Winkel und Proportionen, die er zusammen mit dem Oberschulamtsrat Dr. Kempf auf das Genaueste berechnet hat, nachdem sie etliche Kinder in Messapparate gesteckt und vermessen haben, um aus den sogenannten Individuen das Normkind abzuleiten, sollen auf den noch formbaren Kindskörper einwirken, indem sie ihn mit sanftem Druck zwingen, sich der Bank anzupassen. Die Schulbank, die vom Schüler gedrückt wird, soll sich umgekehrt in den Schüler drücken. Generationen, nein: Heerscharen von Kindern, werden den Abdruck der Columba-Schulbank in Körper und Seele tragen, denn die Columba wird, so träumt Ferry, vom Fränkischen aus das Deutsche Reich und darüber hinaus vielleicht ganz Europa erobern. Dann werden in allen Klassenzimmern auf dem Kontinent, in schöner Gleichheit und Regelmäßigkeit, die Columba-Bänke stehen, die Reihen fest geschlossen, ein Heer des Lernens und der Bildung, eine Armee des Geistes und der Wissenschaft.

Vor der Front dieses Heeres aber steht der Lehrer. So denkt es sich Ferry, während er sich über die Zeichnungen beugt. Die Kanten seines Kragens schneiden ihm in den Hals. Dr. Kempf, der noch recht jung ist für einen Oberschulamtsrat, vielleicht kaum zehn Jahre älter als er, zeigt mit einem Bambusstöckchen auf den Skizzen herum, fährt mit der Spitze des Stöckchens über das abgebildete Kind, dessen Rücken beim Sitzen, erklärt er, einen Winkel von neunzig Grad zu den Oberschenkeln bilden muss, genau wie die Unterarme zu den Oberarmen und die Kinnlinie zur Brust, wenn die Augen des Schülers auf den Lehrer oder die Tafel gerichtet sind. Außerdem, sagt Dr. Kempf, der obendrein Mediziner ist und ein Buch über die Physiognomie des Kindes veröffentlicht hat, muss durch den richtigen Abstand von Bank und Tisch gewährleistet sein, dass der Schüler auf die Aufforderung des Lehrers hin in einer flüssigen Bewegung und mit einem gezielten Schritt aus der Bank aufstehen und sich neben sie stellen kann.

Ferry nickt, wodurch der Kragen erst recht in seinen Hals

sticht. Wieder hat ihm Anna den engen Kragen hingelegt, obschon er ihr wiederholt gesagt hat: Der Kragen ist zu eng! Er greift sich mit der Hand an den Hals. Dr. Kempf tippt mit dem Stock auf den Kopf des Kindes. Fährt an dessen Schulter und Arm entlang bis zur Hand, zieht ein Buch aus der Tasche, sein eigenes, schlägt es auf und liest vor:

»*Die Querachse des Körpers steht beim Schreiben parallel zum Längsrande des Tisches. Die Füße stehen auf dem Boden; die Oberschenkel haben eine waagerechte, die Unterschenkel eine senkrechte Richtung. Bei der zur Weiterführung der Zeilen notwendigen Bewegung des Vorderarms hat sich derselbe um den in möglichst unveränderter Lage bleibenden Unterstützungspunkt derartig zu drehen, dass der angenommene Radius auf der Tischplatte einen Kreisbogen durchläuft*. So habe ich es in meinem Buch geschrieben, verehrter Herr Finck, und so wird es auf das Trefflichste in der Columba-Schulbank verwirklicht sein.«

Ach, er sei nur ein einfacher Handwerker und kein Wissenschaftler und Arzt, sagt Ferry und lächelt bescheiden, während er aus den hohen Fenstern der Fabrik auf den gepflasterten Vorplatz hinausschaut, wo gerade sein Prokurist Flößer vorbeigeht, mit einem Zylinder auf dem Kopf.

Der Doktor fährt fort, die physiologischen Voraussetzungen des Menschenkindes zu erklären, den Bewegungsapparat, der einer Maschine gleiche und mithilfe genau berechneter und angepasster Schulmöbel optimiert werden könne, was wiederum auf den Geist des zu Erziehenden zurückwirke, da Körper und Geist eins seien, *mens sana in corpore sano*, wie schon die alten Römer gewusst hätten.

Und während der Oberschulamtsrat in seinem Buch blättert, sieht Ferry weiter auf den Vorplatz hinaus, wo Flößer mit dem Spazierstock ein Insekt verscheucht, sein Prokurist, der vornehmer ist, als er es je für sich selbst hätte erträumen wollen. Und er sieht, wie sich der Sommerabend auf die weißen Dächer der Fabrik senkt und sie mit einem rötlichen Licht überzieht, und plötzlich verspürt er – fast wie einen Schmerz – in seiner Brust ein Gefühl des Stolzes, dass er all das geschaffen hat, nahezu aus dem Nichts, aus einer einfachen Schreinerwerkstatt heraus, und er versucht das Gefühl des Stolzes zurückzudrängen, damit es nicht übermächtig wird, aber es ist da und verschmilzt mit dem Eindruck des beginnenden Abends. Diesen Stolz will er weitergeben an seine Kinder und Kindeskinder, aber der Stolz darf nicht zu groß werden, nicht zu vorherrschend im Kinde, es muss ein abgewogener, ein genau umrissener Stolz sein, denn es ist wichtig, Maß zu halten im Denken wie im Fühlen wie im Handeln, schließlich sind die Maße und Proportionen auch in deinem Handwerk grundlegend, sagt sich Ferry, der den vornehmen Prokuristen Flößer in einem der Fabrikgebäude verschwinden sieht, während die Hügellinie der nahen Sebaldushöhe in der Abenddämmerung versinkt.

»Der Kopf, dessen Querachse ebenfalls parallel zum Längsrand des Tisches steht«, liest Dr. Kempf weiter, *»senkt sich nur ganz leicht gegen den Tisch und nur so weit, als zur Gewinnung eines geeigneten Neigungswinkels der Blickebene zur Tischplatte erforderlich ist. Die Ellbogen halten sich etwas tiefer als der Tischrand und stehen beiderseits gleich weit vom Körper ab. Nur die Vorderarme kommen auf die Tischplatte und nehmen eine nahezu symmetrische Lage ein …«*

Die letzten Strahlen der Sonne leuchten jetzt herein, fallen auf Ferry und die auf dem Tisch ausgebreiteten Zeichnungen der Columba-Schulbank. Er, der einfache Schreinermeister, Ferdinand Heinrich Finck aus Gründlach bei Nürnberg, Sohn des Schreinermeisters Heinrich Karl Finck und der Magdalena Finck, geborene Fahner, wird der Erziehung des gesamten deutschen Wesens dienen, indem Heerscharen von Schülern in den rechten Maßen und rechten Winkeln seiner Columba-Bank körperlich geformt und geistig erzogen werden, denn dort müsse man ansetzen, hat Dr. Kempf gesagt, beim jungen Menschen, dem Kinde, dessen Gestalt und Inneres noch schwach und durchlässig und formbar seien, empfänglich für den sanften, aber beharrlichen Druck und Abdruck des Erziehers. Wie Wachs sei der junge Mensch in den Händen des umsichtigen Erziehers, wiederholt er im Stillen, und wenn der junge Mensch nicht bearbeitet werde, so bleibe er ein unförmiger, roher Klumpen.

Ferry nickt und schenkt dem Oberschulamtsrat noch einen Zwetschgenschnaps ein, Jahrgang 1875, den er zu besonderen Gelegenheiten aus seinem Schreibtischfach hervorholt, obgleich der Oberschulamtsrat schon rote Wangen hat. Denn mit jedem Glas Schnaps weiß er noch mehr Schönes über die Columba-Bank zu sagen.

»Wir beide, Sie und ich, Herr Finck, wir versehen im Grunde die wichtigste Aufgabe im Reich, sehen Sie. Wir widmen uns der Erziehung. Sie im physischen Bereich, im Äußeren, ich im Innern, die eins nicht ohne das andere sein können. Wir ziehen den Menschen aus seiner ursprünglichen Einfalt, aus seinem niederen Wesen ins höhere Sein, vom Äußeren ins Innere«, sagt der Oberschulamtsrat.

Ferry nickt.

»Und vom Inneren ins Äußere.«

Ferry schenkt Schnaps nach.

»Und vom Niederen ins Höhere«, sagt Dr. Kempf, indem er mit seiner weißen rundlichen Hand die Aufwärtsbewegung anschaulich macht. »Denn strebt nicht jedes Wesen ins Höhere? Will nicht jedes Wesen es selbst werden, indem es sich entfaltet und zur Blüte gelangt? Und wo wird diese Blüte trefflicher entfaltet als im Inneren des denkenden, lernenden und schöpfenden Geistes? Nur wenn wir erreichen, dass sich das Kind auf sein

Wertvollstes besinnt, das seelische, geistige Sein, indem wir es von außen formen und bilden, wie der Töpfer sein Gefäß bildet, nur dann wird es all die wunderbaren Inhalte aufnehmen können, die wir ihm eingeben. Aber wehe«, fährt er nach einem kurzen Schweigen fort und hebt den Zeigefinger, »wehe, wenn der Erzieher versagt. Wehe, wehe, wehe, wenn wir versagen. Wenn wir schwach werden. Wenn wir dem Schüler den kleinen Finger hinreichen, so will er gleich die ganze Hand!« Er klopft mit dieser Hand auf den Tisch. »Härte! Unbedingte Härte gegen uns selbst und den Schüler und Hingabe an unseren Gegenstand – jener faustischen Besessenheit bedarf es, zu der nur wir fähig sind unter den Völkern, lieber Finck. Aber es ist schwer in diesen Zeiten, wo das Innere nur noch wenig zählt, die innere Seele immer mehr eingeschnürt wird durch die äußere, die rechnerische Vernunft.«

Der Oberschulamtsrat, der unter der Last seiner Pflicht ganz zusammengesunken ist, öffnet den obersten Kragenknopf. Er sitzt jetzt auf einem Stuhl, die Hände zwischen die Knie geklemmt, und macht ein kummervolles Gesicht. Ferry schenkt schnell noch einen Schnaps ein. Er überlegt, ob auch er den Knopf öffnen darf, aber der Oberschulamtsrat scheint mehrere geistige Stufen über ihm zu stehen, daher lässt er den Kragen lieber geschlossen. Vor den Fenstern wartet schon die Kutsche. Und Anna wartet bei der Köchin in der Küche und versucht, das Essen warm zu halten, denkt Ferry, aber es erscheint ihm unmöglich, den Doktor in seinen hohen Gedanken mit etwas so Sekundärem wie dem Abendessen zu unterbrechen, zumal dieser bereits weiterspricht.

»Umso wichtiger ist unsere unermüdliche Arbeit. Aber wenn wir erst Gesetz und Ordnung im Klassenzimmer installiert haben, wird es leichter.«

Ferry öffnet jetzt doch den Kragenknopf, atmet auf.

»Dann merkt man den Kindern keine Verdrossenheit mehr an, nein, nein«, sagt Dr. Kempf und schüttelt den Kopf. »Vielmehr strahlt Freude aus ihren Gesichtern. Die Ordnung spricht das kindliche Gemüt so an, dass es sich der dabei waltenden Strenge und Genauigkeit gern unterwirft. Und es hat seine Lust an der übereinstimmenden Tätigkeit wie an militärischen Exerzitien.« Jetzt lächelt er etwas wehmütig, als erinnerte er sich an ein besonders schönes Exerziererlebnis.

Und Ferry sieht vor den Fenstern ein Grüppchen von Schreinern über den Hof gehen, in den weichen Spätsommerabend hinein. Ihnen gibst du ihr tägliches Brot, denkt er, und wieder spürt er Stolz aufwallen, ihm ist, als entfaltete ein Vogel die Flügel in seiner Brust. Nicht zu hoch hinaus, sagt er sich und denkt an jenen Sonntagmorgen zurück, als ihm die Idee kam. Im Gottesdienst war's, wie kann das Zufall gewesen sein. Er saß im Gestühl und sah auf den gekreuzigten Herrn, und auf einmal fiel schräg ein gelbes Licht ein. Und der Raum vergrößerte sich durch dieses Licht, als erlangte er eine andere Dimension oder als hätte jemand einen Schleier fortgenommen. Alles stand klar und deutlich vor ihm: der gekreuzigte Herr Jesus von Riemenschneider, die Kanzel, von welcher der Herr Pfarrer Wöhler herabpredigte, und darunter die Bänke, alle schön regelmäßig aufgereiht, in einer Flucht auf den Herrn Pastor und den Herrn hin ausgerichtet, der trotz seiner großen Leiden zu lächeln schien, oder war es das Licht, das auf seinen Lippen spielte? Und als die Gläubigen sich niederknieten, dachte er: Alles ist ja schon da. Nur müsste man die Kniebank verbreitern, damit der Schüler hinaufsteigen kann, so spart man Platz, die Schreibfläche, an der Rückenlehne des Vordermannes befestigt, wird in einem leichten Winkel geneigt, dachte er und führte seine Hand, wie schreibend, langsam über die Holzfläche, und alles hängt zusammen, dachte er, während der Pfarrer die Gebete sprach, *wir danken dir für die Erlösung, die du uns bereitet hast durch das heilige, allgenugsame Opfer seines Leibes und Blutes am Stamme des Kreuzes.* Und so tritt der Schüler in die Bank wie auf ein Podest, und wenn der Lehrer ihn dazu auffordert, kann er mit einem einzigen Schritt wieder austreten. Immer zwei Schüler nebeneinander, dachte er und zeichnete es in Gedanken auf, und hintereinander mehrere Reihen zusammenhängender Bänke, in drei Blöcken, wodurch die Vorrichtung im Klassenzimmer wie von selbst Ordnung schaffen würde und jeder an seinen Platz gesetzt wäre. Das ist es. Es hängt alles zusammen, dachte er, und nebenbei könnte man die Bankreihe zum Reinigen des Fußbodens einfach auf die Seite kippen, was hygienische Vorteile hätte. Ihm war, als leuchtete das Licht, das durch die hohen Fenster einfiel, direkt in ihn hinein. Es wurde ihm ganz durchsichtig und leicht und warm zumute, denn er wusste, er hatte etwas erfunden, und einen Namen hatte er auch dafür: Columba-Schulbank, an den Seefahrer und Entdecker ähnlichen Namens erinnernd, gleichzeitig an die Taube als Sinnbild des Heiligen Geistes, der blitzartig auf ihn herabgekommen zu sein schien, dachte er und hörte wie von fern die uralten Worte, denen der Pfarrer Wöhler jeden Sonntag aufs Neue seine Stimme leihen darf: *So gedenken wir, Herr, himmlischer Vater, des heilbringenden Leidens und Sterbens deines lieben Sohnes Jesus Christus* etc., aber an jenem Sonntag dauerte es Ferry allzu lang, weil er nur noch an die Columba-Schulbank denken konnte, die er so schnell wie möglich aufzeichnen wollte, erinnert er sich. Es kann doch nur Fügung sein, dass ihm die Idee in der Kirche gekommen oder eingegeben worden ist, denkt er, während Dr. Kempf von der Tiefe der deutschen Seele spricht, in welche die Bildungsinhalte hineinfallen wie ein Stein in tiefes Wasser.

»… dort, auf dem Grund«, sagt Dr. Kempf, »wirken sie im Geheimen fort, bis sie als Taten an die Oberfläche treten, wenn die Zeit reif ist, denn Deutschlands Zukunft sitzt auf der Schulbank.«

Der Oberschulamtsrat scheint jetzt fertig zu sein mit seinen Aufsagungen. Ferry spürt Stolz und Demut miteinander kämpfen. So ist es halt immer. Nie kann und darf man etwas ganz genießen, auch in der Kirche ist's so gewesen, da spürte er neben der Freude über die Columba-Erfindung gleich das schlechte Gewissen, dass er nicht aufmerksam beim Herrn gewesen ist. Andererseits: Der Herr hat es vielleicht gerade so gewollt, denkt Ferry, und im nächsten Moment denkt er schon wieder: Überheb dich nicht, Schreinermeister Finck!

Dr. Kempf, dessen Hände auf dem Spazierstockknauf liegen, als gehörten sie nicht zu ihm, schweigt. Wie weiße Handschuhe liegen sie auf dem Spazierstockknauf, einem Mohrenkopf aus Ebenholz, den er offenbar von seiner Mission in den Kolonien mitgebracht hat.

Jetzt, denkt Ferry. Jetzt ist es Zeit, das Essen anzugehen, und er öffnet den Mund und will eine Einladung aussprechen, aber da seufzt Dr. Kempf und sagt:

»Manchmal übersteigt es meine Kräfte, Finck. Manchmal sehne ich mich nach einem anderen Beruf. Nach einem leichteren. Aber der Erzieherberuf ist Berufung. Man kann da nicht heraus. So wie einer im Innern immer Mönch oder Arzt oder Soldat bleibt. Und wer einmal vor der Front des Klassenzimmers gestanden hat, der weiß, wovon ich rede.«

Er seufzt wieder. Und als er seine Uhr herauszieht, sagt Ferry in diese Geste und Stille hinein mit fester Stimme:

»Bei all den Sorgen und schweren Pflichten, die wir tagaus, tagein haben, essen muss der Mensch doch, und manchmal erscheint einem der Beruf mit vollem Magen leichter.« Das hast du gut gesprochen, denkt er. »Nach Ihnen, Herr Oberschulamtsrat.« Und weist ihm den Weg hinaus.

Die Oberlichter der Fabrik sind dunkel geworden, in der Halle brennen schon die Gaslampen, mit anderen Worten, es dämmert, als sie hinaus auf den Vorplatz treten, wo zwei Schreinergesellen ihren Weg kreuzen. Sie tragen blaue Jacken und Kappen, die sie abnehmen, ehe sie sich rasch vor ihnen verbeugen und etwas murmeln, worauf Ferry sie mit Namen grüßt, Wendisch und Stier. Er schaut ihnen etwas zu lang und persönlich ins Auge, und prompt fasst sich der Stier ein Herz und fragt, ob er mit einer Bitte an ihn herantreten kann. Es gehe um eine Beurlaubung wegen einer Familiensache, erklärt er lang und breit, wie es seine Art ist, indem er die Kappe in den Händen dreht, während Ferry aus dem Augenwinkel den Oberschulamtsrat beobachtet, der mit seinem Spazierstock Ornamente in den Staub ritzt vor lauter Langeweile. Was bildet der Stier sich ein? Weiß der nicht, dass dies ein unpassender Augenblick ist, mit so was anzukommen? Ist er etwa selber daran schuld, weil er so freundlich und persönlich mit den Leuten spricht, dass sie keinen Abstand haben?

»Stier, stehlen Sie mir nicht die Zeit«, fährt er ihn an. »Sie sehen doch, dass ich Besuch hab! Kommen Sie ein andres Mal in mein Büro, wenn es halt sein muss! Und jetzt gut' Nacht!«

Als sie in der Kutsche sitzen, findet er, dass er nun andererseits zu heftig gewesen ist. Das kommt daher, dass er den natürlichen Abstand zwischen Oben und Unten nicht herstellen kann, weil es ihm an angeborener Autorität mangelt, ja weil er nicht vom Herrgott schon in diesen übergeordneten Stand hineingestellt worden ist, sondern ihn sich erarbeitet hat. Er hat sich selbst hinaufgehievt und sich dabei überhoben, denkt er manchmal, und jetzt fällt es ihm schwer, diesen Stand tagtäglich zu halten. Er ist da nicht zu Hause im Gegensatz zum Oberschulamtsrat, der ganz von selbst dort oben zu leben scheint und den Kopf zum Gruß leicht neigt, wenn ihm ein Untergebener begegnet, und allein schon dieses Kopfneigen stellt den angemessenen Abstand her – wie mit dem Lineal gezogen und auf den Millimeter genau die richtige Entfernung. Bei ihm hat alles seine Ordnung, die Ferry jeden Tag aufs Neue mühsam erst schaffen muss. Und manchmal verliert er dann das Maß und schreit herum. Wie er mit seinem Sohn auch manchmal herumschreit, nachdem er ihm gegenüber oft zu weich gewesen ist. Aber das Kind soll es einmal leichter haben. Das Kind soll von Anfang an in die rechte Position gehoben sein, sodass es ihm ganz selbstverständlich sein wird, mit den Untergebenen umzugehen, und außerdem soll es durch Bildung ganz natürlich in eine andere Sphäre gelangen als er. Das ist das Wichtigste, denkt Ferry, während die Kutsche durch den Wald fährt, die Sorge für das Kind, dessen Erziehung und Bildung, die er nicht den weichen und allzu nachgiebigen Frauen überlassen darf, denn in dieser Erziehung und Bildung liegt der Keim der Zukunft.

Es duftet nach Kiefern. Als sie aus der Schonung herausfahren, öffnet sich die blaue Dämmerung. Erste Sterne glitzern über dem lang gestreckten Sattel der Sebaldushöhe. Er versucht, die Heimat mit den Augen des Oberschulamtsrates zu sehen – ob er sie auch so schön und sanft findet? Die Wellen der Hügel und die dunkleren Flecken des Reichswaldes in der Ferne, die sich wie Schatten über die Wiesen breiten? Der Weg führt hinunter ins Dorf, an dessen Rand, auf halber Höhe inmitten eines weiten Obstgartens, sein bescheidenes Haus steht. Seit einiger Zeit besucht ihn ein Architekt aus München mit Plänen für ein größeres, das *Villa Sternbald* heißen soll, nach jenem Maler und Dürer-Schüler Franz Sternbald aus Nürnberg, den der Dichter Tieck in seinem Künstlerroman auf eine lange Wanderung nach Italien schickte, auf die Suche nach seiner Herkunft. Das Buch hat Ferry im Nachtkästchen liegen. Von Zeit zu Zeit blättert er darin herum. Der Name gefällt ihm, der Entwurf auch, aber er zögert, denn eins muss nach dem anderen kommen, vom Inneren ins Äußere. Oder vom Äußeren ins Innere. Wie hat es Dr. Kempf noch formuliert?

Sie fahren durchs Tor. Jetzt hätte er doch gern schon ein größeres, ein angemesseneres Haus, um es dem Oberschulamtsrat zu präsentieren. Aus dem hier ist er herausgewachsen, denkt er, als er mit dem Gast ins enge Vorzimmer tritt, wo ihnen das Mädchen die Mäntel abnimmt. Oder ist die Enge dieses Hauses gerade richtig für ihn als natürliche Hülle und Begrenzung?

Sie gehen ins Esszimmer, wo der Tisch gedeckt ist. Kerzenleuchter brennen. Anna macht ihm schiefe Augen wegen der Verspätung, aber als sie den Oberschulamtsrat anlächelt und ihr Grübchen auf der Wange erscheint, drückt er ihr schnell die Hand, denn er kann sich auf sie verlassen, das Essen ist noch warm. Grießnockerlsuppe, gemischter Braten, Knödel, Bayerisch Creme. Der Gast speist mit großer Aufmerksamkeit, die er auf das Essen wie eine Laterne richtet, in deren Lichtkegel sich nur der nächste Umkreis befindet, der Teller und die dampfenden Schüsseln, das blitzende Besteck und das Weinglas. Sie essen mehr oder weniger schweigend. Dann lehnt sich der Oberschulamtsrat zurück wie nach einer anstrengenden Arbeit, tupft sich den Mund, faltet die Serviette zusammen und legt sie neben den Teller.

»Ach«, sagt er, »was für eine schöne Koinzidenz, dass man in diesem Haus nicht nur gut arbeitet, sondern auch gut isst!«

»Ja, meine Frau führt eine gute Küche«, sagt Ferry, und er zwinkert seiner Anna zu, sodass auf ihrem Gesicht ein kurzes Leuchten erscheint und sie den Kopf neigt, um es zu verbergen – wie damals, als sie ein junges Mädchen war und am Fenster zu ihm herunterwinkte, wenn er mit dem Pferdefuhrwerk an ihrem Haus in der Südstadt vorbeikam, drei Straßen Umweg in Kauf nehmend, nur um dieses kurze Leuchten in ihrem Blick und das Kopfsenken zu sehen, was plötzlich als Erinnerung in ihm heraufschauert.

Doch jetzt werden die Kinder gerufen, bevor sie ins Bett müssen. Der Oberschulamtsrat hat ihnen nämlich etwas mitgebracht. Für die Mädchen gibt es Strohpüppchen mit bunten Röcken, und für den Johann, der von allen Jean genannt wird, hat er etwas besonders Schönes dabei, einen Tropenhelm aus Bambus, den er direkt in den Kolonien gekauft hat.

»Setz ihn nur auf«, sagt Ferry, weil Jean ihn so vorsichtig in seinen Fingern dreht, der zarte Bub, der manchmal mit einem Mädchen verwechselt wird, weil er so runde Augen und blonde Locken hat und wie eine Puppe aussieht. Das tut ihm freilich nicht gut, denkt Ferry, dass alle ihn ebenso goldig finden wie die Schwestern, aber was soll er machen, ihm geht es ja genauso. Oft erweicht dieser Anblick sein Herz, zu oft, und als sein Sohn den Helm endlich auf dem Kopf hat, sagt er: »Bravo, Jean, jetzt siehst aus wie ein richtiger Kolonialherr! Und wenn du mal groß bist, verkaufst unsere Schulbänk an die Negerkinder!«

Der Oberamtsmann lacht. Der Vater lacht. Die Mädchen küssen ihre Püppchen und machen einen Knicks. Die Mutter klatscht in die Hände. Jean steht da und spürt den Helm auf seinem Kopf wie einen Stein. Aber er ist auch ein wenig stolz. Er soll ein Gedicht aufsagen, das sie in der Schule gelernt haben. Ein Abendgedicht. Er spricht schnell, damit es schnell vorbei ist:

Wenn die Kinder, Mann für Mann,
nachts sich schlafen legen
fängt's im Himmel droben an
eifrig sich zu regen.
Ruft der liebe Gott herbei
Englein nah und ferne:

Zündet an mir, eins, zwei, drei
all die goldnen Sterne!
Knaben alle, groß und klein,
wollen rechte Deutsche sein,
marschieren nach Soldatenbrauch,
dann freut sich unser Kaiser auch.
Lieb' Vaterland, magst ruhig sein,
einst schützen wir den deutschen Rhein,
den deutschen Rhein!

Alle lachen! Aber die Reime sind nicht zum Lachen. In der Schule lacht niemand über die Reime, und er weiß nicht, ob er etwas falsch aufgesagt hat. Da steht er mit dem Tropenhelm auf dem Kopf, während alle ihn anstarren und anlachen mit ihren offenen Mündern, aus denen das Gelächter so grell herausknallt, dass ihm der Kopf wehtut. Er hält sich die Ohren zu, aber er sieht, dass der Vater ihn herbeiwinkt mit dem Zeigefinger. Also geht er hin zum Vater, der aufgehört hat zu lachen. Er sagt:

»Hast zwei Gedichte zusammengemischt, Jean. Die Sternlein und die Wacht am Rhein.«

»Ist schon gut«, sagt der Oberamtsmann mit dem runden weißen Gesicht wie ein Mond, »es passt schon eins zum andern, Bub!«

Jean hat noch immer keine Ahnung, von was sie reden. Aber der Mondgesichtmann, der selber aussieht wie ein großer blonder Bub, sagt, er soll sich hinsetzen. Er rückt ihm einen Stuhl hin, er darf sich zu den Erwachsenen setzen an den Tisch. Während die Mädchen ins Bett müssen, darf er am Erwachsenentisch sitzen und hören, was der Mondmann erzählt. Seine Haare sind so hellblond wie eine Wurzelbürste. Er spricht von Afrika, wo alles schwarz ist. Er hat in Afrika, in Deutsch-Ostafrika, Negerkinder vermessen, hat von Hunderten Kindern die Arme und Beine und Rücken vermessen, um zu untersuchen, ob sie in unsere deutschen Schulbänke passen oder ob die Schulbänke verändert werden müssen oder die Kinder. Und einmal, sagt er und macht ein ganz spannendes Gesicht, da saß er in einem Negerdorf vor einer Bambushütte und hat ein Kind nach dem andern vermessen, den ganzen Tag, was eine lange und anstrengende Arbeit gewesen ist, und da hörten sie von ferne Kriegsgeschrei und das Stampfen Hunderter nackter Füße und Trommeln, dudumm dudumm, das näher herankam, sodass die Weißen schon ihre Pistolen entsichert haben. Auch er selber, der Mondmann, hat die Pistole entsichert, während das Negerkind vor ihm auf dem Stuhl saß und ihn mit großen Augen ängstlich ansah, das Weiße darin so strahlend hell wie ein Blatt Papier, ehe er aufsprang mit seiner Pistole, aus dem Schatten des Vordachs sprang, den Angreifern entgegen.

Der Mondmann hat sich erhoben und reckt seinen Zeigefinger in die Luft wie eine Pistole. »Denn das Kind«, sagt er, »wenn es auch noch nichts versteht, so ahnt es doch mit seinem Gefühl, dass wir es gut mit ihm meinen. Denn was ist es wohl, das uns Menschen von anderen Lebewesen unterscheidet?« Er zielt mit seinem weißen Zeigefinger auf Jean, der wie gefesselt auf seinem Stuhl sitzt.

Jean weiß nicht, ob der blondgesichtige Mondmann von ihm eine Antwort erwartet. Nicht immer erwarten die Erwachsenen eine Antwort, manchmal wollen sie die Antwort lieber selber geben. Es braucht eine gewisse Übung, das zu unterscheiden, weshalb es am besten ist, wenn man erst etwas zuwartet und tut, als ob man überlegt, und oft erledigt es sich dann von allein.

»Die Vernunft ist es!«, antwortet der Mondmann sich auch schon selbst und sticht den Zeigefinger in die Luft. »Die Vernunft, die auf den Höchsten gerichtet ist, auf unsern christlichen Gott.«

Klar, jetzt fällt's dem Jean auch wieder ein.

»Und die bringen wir den Kindern nach Afrika. Die bringen wir ihnen bei. Und dein lieber Papa«, sagt der Mondmann, indem er die letzte Silbe betont, was sich schön und fremd anhört, und er richtet den Zeigefinger wieder auf Jean, »der soll dafür die Schulbänke herstellen, wenn alles sich fügt.«

Der Mondmann hat ein Stückchen Schnittlauch zwischen den Schneidezähnen, das manchmal zum Vorschein kommt, wenn er den Mund aufmacht und von Vernunft und Seele spricht, aber Jean will viel lieber wissen, was mit den Angreifern geschehen ist, und er nimmt seinen ganzen Mut zusammen und fragt in eine Pause zwischen zwei Sätzen hinein, wie es denn nun weitergegangen sei mit den Wilden.

Er hat so leise gesprochen, dass es der Mondmann nicht verstanden hat. Fragend neigt er den runden Kopf. Er sieht aus, als horchte er in sich hinein, ganz versunken sieht er auf einmal aus. Aber dann blicken die Augen wirr im Zimmer umher, ohne dass sich der Kopf auch nur einen Millimeter bewegt, und er hebt beide Hände in die Luft, wie beschwörend, Handflächen gegeneinander gerichtet, und ein Summen wird hörbar, eine Fliege, die seinen Kopf umschwirrt, bis er blitzschnell die Hände zusammenschlägt, ein Klatschen ertönt und ein schwarzer Punkt leblos zu Boden fällt.

»So«, sagt der Mondmann, »wo waren wir stehen geblieben?«

»Was ist denn dann mit den Angreifern passiert?«, traut sich Jean noch einmal lauter zu fragen, worauf ihm der Vater anerkennend zunickt.

»Gut aufgepasst, Bub! Genau hier waren wir stehen geblieben. Wir also hinaus mit unseren Pistolen, in der flirrenden Hitze des Nachmittags, der Boden rot und flach bis zum Horizont, aus dem sich ein ganzes Heer dunkler Gestalten herauslöst, und Wirbel von Staub, rotem Staub, der den Himmel verdunkelt, und der Boden vibriert unter unseren Füßen im Takt der Trommeln, dudumm dudumm, dudumm, ein Donnern, Tiere huschen ins Laub, Vögel schreien. Wir beten jeder allein und doch gemeinsam, denn in dieser Minute spüren wir, wie wir es noch nie gespürt haben, dass wir alle verbunden sind durch den Glauben. Ein leises Murmeln unserer Münder, oder sind es nur die Gedanken, die jenes beschwörende Raunen erzeugen und unserem Blick Gewalt geben? Ohne dass wir ein Wort an die Wilden gerichtet haben, bleiben sie nämlich vor uns stehen, im Abstand von vielleicht zwanzig Metern, in einer Reihe, Mann an Mann, große, muskulöse Körper, mit Kriegsgerät, Beilen und Pfeilen und riesigen Bogen, Federschmuck, und die kohlschwarzen Gesichter grell bemalt mit weißer Kreide, dass sie wie Totenschädel aussehen. Wir staunen, wir beten, die Pistolen im Anschlag, aber die frommen Gedanken geben uns die Kraft, sie nicht zu gebrauchen. Langsam senkt sich der rote Staub. Das Bild wird klarer. Und wir sehen: Hier wie dort stehen Menschen. Unsere Blicke begegnen sich, und während wir sie ansehen, fest und klar, mit jenen frommen Worten im Kopf, die sich in unseren Augen spiegeln, schwindet die Feindseligkeit in ihren Gesichtern und wandelt sich in Anerkennung. Wir lassen die Waffen sinken, im selben Atemzug tun sie es, noch zwei, drei Minuten stehen wir einander gegenüber, dann machen sie kehrt und traben davon, Staub hebt sich und verhüllt sie vor unseren Blicken, während sie langsam gegen den Horizont verschwinden.«

Jean merkt, dass ihm der Mund offen steht.

Der Mondmann lässt sich auf seinen Stuhl sinken. Er scheint ganz erschöpft zu sein vom nochmaligen Erlebnis des Abenteuers »Siehst du, Bub«, sagt er zu Jean, nachdem er durch das Trinken eines Schnapses wieder etwas Kraft geschöpft hat, »das vermag die Kraft des Glaubens, die nichts anderes ist als die höchste Vernunft. Und auch die Wilden haben diese überlegene Kraft instinktiv gespürt und zollten ihr Anerkennung. Denn auch sie sehnen sich insgeheim danach, ihrer teilhaftig zu werden. Das zu ermöglichen ist unsere Mission, und dein Papa wird daran mitwirken.«

Jean nickt. Der Tropenhelm wackelt und sitzt jetzt schief. Er muss ihn mit den Händen festhalten, damit er nicht herunterfällt.

»Wirst schon noch hineinwachsen in den Helm«, sagt sein Vater, der sich offenbar ein Lachen verkneifen muss. »Und nun, kleiner Mann – Zeit fürs Bett!«

Es ist spät geworden. Der Oberschulamtsrat verfügt nicht nur über gesegneten Appetit, sondern auch über ebensolchen Durst. Anna schläft schon. Ferry bleibt im Türrahmen des Schlafzimmers stehen und betrachtet im Schein der Gaslampe ihr Gesicht, die geschlossenen Augen, die womöglich Traumbilder sehen, den weißen Hals, der im Nachthemd verschwindet, die Brust, die sich gleichmäßig hebt und senkt, das aschblonde Haar, zum lockeren Zopf geflochten, weil es sich dann morgens besser kämmen lässt. So sieht er sie schlafen, und er versucht sich auszumalen, wie er neben ihr gleich selbst schlafen wird, aber es gelingt ihm nicht. Er kann sich nicht vorstellen, wie er im Schlaf aussieht. Er scheint dann ein anderer zu sein.

Er entkleidet sich, nimmt den blöden Kragen ab, knöpft das Hemd auf. Leise, damit das Annale nicht aufwacht. Sie schläft so ruhig, denkt er, genau auf ihrer Seite des Bettes, nie würde sie sich im Schlaf auf seine Seite strecken, sie weiß immer, wo ihr Platz ist, auch schlafend weiß sie es, im Gegensatz zu ihm, der oft im Bett herumwühlt und nach allen Seiten sich dreht und auslangt, worauf ihm Anna morgens manchmal sagt, »hast wieder umhergetan die ganze Nacht«. Aber sie lächelt dann, wie man ein Kind anlächelt.

Andererseits, denkt er, wenn er sich nicht manchmal ausstrecken würde über seinen Platz hinaus, dann wären sie nicht da, wo sie jetzt sind.

Er sieht sich im Spiegel, im offenen Hemd. Der ovale Rahmen umgibt sein Bild wie eine Fotografie. Er ahnt, dass wichtige Zeiten heraufkommen. Für die Ewigkeit festhalten will er diesen Moment, denn es liegt so viel Anfang darin, was vielleicht mit seinem Beruf zusammenhängt und den Schulmöbeln, die er herstellt, weil sie Anfang und Zukunft verheißen, wie es Dr. Kempf sinngemäß gesagt hat. Und er stellt sich vor, dass sein Spiegelbild wie eine Fotografie durch die Hände der Nachkommen gehen wird. Es schaudert ihn. Er hat den Eindruck, die kommende Zeit zu spüren. Er muss unbedingt bald den Fotografen bestellen.

Ein spitzer Schrei aus einem der Kinderzimmer, er zuckt zusammen. Aber bevor er sich besinnen kann, ist Anna wach und sitzt senkrecht im Bett.

»Der Jean«, sagt sie, während er noch überlegt, welches der Kinder geschrien haben könnte, und schwingt beide Beine aus dem Bett, sucht mit den Füßen nach den Pantoffeln.

»Nein«, sagt er, »ich geh zu ihm, schlaf du nur.«

Anna sieht ihn zweifelnd an, aber er nickt ihr beschwichtigend zu. Jetzt braucht's den Papa, denkt er, wobei er in Gedanken das Wort auf der zweiten Silbe betont wie der Oberschulamtsrat Dr. Kempf. Jean wird wieder einmal einen bösen Traum gehabt haben, da geht er lieber selber hin. Die Anna ist meistens zu weich mit dem Jungen, was er ja verstehen kann, denn es macht auch ihm zu schaffen, wenn er sieht, wie der Junge unter seiner Angst leidet. Aber man muss ihm helfen, die Angst zu überwinden, zumal er fast sieben ist, da kann er nicht mehr heulen wie ein kleines Mädchen wegen jeder bösen Vorstellung. Und Vorstellungen hat Jean genügend, wie alle Kinder, wobei er besonders viele von den Vorstellungen zu haben scheint, denkt Ferry, während er über den dunklen Flur geht und das Weinen lauter wird. Wenn man immer nachgibt, wie die Anna es am liebsten täte, dann misst man den Vorstellungen ja erst ein Gewicht bei, das ihnen gar nicht zukommt. Man darf sie nicht ernst nehmen, denn dann hören sie auf, und auch die Angst darf nicht voll ins Bewusstsein treten, sonst dominiert sie alles, das hat er schon hundertmal mit Anna beredet, die es im Grunde genauso sieht wie er, aber nicht umsetzen kann, da ist sie eben ganz Mutter und weich. Er ist doch noch ein Kind, sagt sie dann, und er: Gerade deshalb, Anna. Beim Kind wiegt jeder Fehler doppelt. Alles, was aufs Kind einwirkt, wird sich einprägen in seine Seele, für immer, auch jede Nachgiebigkeit und jeder Fehler.

Er bleibt vor der Tür stehen mit der Gaslampe in der Hand und lauscht. Ein Schluchzen, herzerweichend, wenn man nicht aufpasst. Selbst bei ganz kleinen Kindern, die noch keine Erinnerung haben, das weiß er von Dr. Kempf, darf man nie nachlässig sein, denn die Strenge wirkt auf sie ein, ohne dass sie es sich merken. Sie merken nicht die Härte, aber der vorteilige Effekt dieser Härte, der bleibt ihnen für immer, auch wenn sie nicht wissen, woher er kommt.

Er öffnet die Tür und tritt ins Kinderzimmer, den Schein der Lampe voran. Der Tropenhelm liegt auf dem Nachttisch. Jean streckt ihm die Arme entgegen. Ferry spürt, wie es ihn hinzieht, setzt sich auf die Bettkante, umarmt den bebenden Körper, der sich an ihn schmiegt, fühlt die Nässe auf dem Gesicht, die Locken sind auch ganz nass von Tränen. Er streicht ihm kurz übers Haar, dann schiebt er ihn von sich weg.

»Was ist? Hast schlecht geträumt, Jean?«

»Ja, Papa«, sagt Jean und schluchzt. »Aber nein, es war kein Traum, es war die Wirklichkeit. Am Fenster steht ein Mondmann und schaut mit dem weißen Gesicht zu mir herein!«

»Es ist doch nur der Mond«, sagt Ferry. »Wir haben Vollmond.«

»Und aber daneben stehen die schwarzen Negerkinder mit den Totengesichtern und funkelnden Augen.«

»Es sind die Sterne, die am Himmel funkeln.«

»Hörst nicht die Trommeln und Pistolen, Papa?«

»Es ist der Wind, der in den Bäumen rauscht. Soll ich die Vorhänge schließen?«

»Und an der Wand hängt ein Kreuz. Mir hat geträumt, dass mich die Neger ans Kreuz schlagen, Papa. Mit Nägeln schlugen sie mich fest ans Kreuz, und ich hab geschrien und gerufen nach Mama und nach dir, aber niemand hat mich gehört.«

»Wie kommst denn auf so was, Jean?«

»Dort hängt es doch, das riesige Kreuz!«

»Es ist der Schatten vom Fensterkreuz, sonst nichts, Jean. Und jetzt sollst schlafen, denn morgen ist wieder Schule, und du willst doch fleißig lernen.«

»Papa?« Jean schluchzt.

»Was ist noch, mein Sohn?«

»Ich will nicht in die Kolonien, wenn ich groß bin.«

Ferry schweigt. Er presst die Lippen zusammen vor lauter Enttäuschung. Da hat er es gut gemeint, hat gedacht, es freut den Jungen, alles tut er doch nur für den Jungen, der es einmal leichter haben soll als er, der ganz natürlich ein Herr werden soll. Schulmöbel in die Kolonien bringen – wenn er selbst so eine abenteuerliche Aussicht gehabt hätte als Kind, denkt Ferry, aber er hatte nur die Schufterei in der Werkstatt und eine gestorbene Mutter. Von ganz unten hat man keine Aussicht. Sein Sohn jedoch, der alles hat, eine abenteuerliche Aussicht und eine lebende Mutter obendrein, heult trotzdem, dass es einem wehtut in den Ohren.

»Versprich, dass ich nicht in die Kolonien muss, wenn ich groß bin«, bittet Jean.

Und Ferry denkt, dass er wieder zu weich gewesen ist, weil er nicht die rechte Autorität hat, und er spürt Wut in sich aufsteigen, und er packt seinen Sohn bei den Schultern und schüttelt ihn. »Du hörst jetzt auf zu weinen, du flennst ja wie ein Madle. Jetzt ist's gut, Jean, ein für alle Mal!«

Worauf Jean ihn mit großen Augen anstarrt, aber die Angst vergisst.

Ferry sagt: »Ein Bub hat keine Angst, hörst du?«

»Ja, Papa.«

»Hast keine Angst mehr?«

»Nein, Papa.«

»Dann sag es: Ich hab keine Angst.«

6

Da weitläufige Verwandte, die die Nürnberger Burg, das Reichsparteitagsgelände und den Playmobil-Park besichtigen wollten, zu Besuch gekommen waren und meine Mutter dem georgischen Klavierstimmer, der die beiden Flügel und in der Umgebung noch weitere Flügel stimmen sollte, angeboten hatte, er könne für einige Tage in der Villa Sternbald übernachten, er müsse doch nicht ins Hotel – »Sie wohnen natürlich wieder bei uns, Sasha« –, wurde kurzfristig mein Gästezimmer benötigt, und ich war ins Arbeitszimmer meines Großvaters umgezogen. Ich hatte mir vom Speicher ein Klappbett besorgt und in die Dachkammer gestellt, und nun saß ich am Schreibtisch des Zauberers und hatte vor mir die Fotos ausgebreitet. Einige hatte ich nach und nach vom Treppenhaus abgehängt, was meine Eltern gar nicht zu bemerken schienen, ein paar andere hatte ich aus dem ledergebundenen Album meines Großvaters herausgelöst, das neben »Sein und Zeit« von Heidegger, einzelnen Bänden einer Kant-Gesamtausgabe und dem ersten Band von Prousts »Suche nach der verlorenen Zeit« im halbhohen Bücherregal unter der Schräge gestanden hatte, und fünf weitere Fotos stammten aus einer alten Rot-Kreuz-Schachtel aus Blech, die im Schreibtisch des Zauberers gewesen war. Bis auf diese Blechschachtel und ein vergilbtes Päckchen Taschentücher und eine ebenfalls vergilbte leere Streichholzschachtel, in die ich Gisberta getan hatte, war der Schreibtisch komplett ausgeräumt gewesen.

Der Klavierstimmer, ein junger Mann, der laut meiner Mutter eine Koryphäe war und sämtliche in Tiflis stehende Konzertflügel betreute, war beunruhigt über die gerade erfolgte Annexion der Halbinsel Krim durch Russland und befürchtete eine weitere Aggression, aber meine Mutter hatte ihn zu beruhigen versucht, indem sie rasch das Thema wechselte.

»Erzählen Sie doch noch einmal die Geschichte von den sieben Konzertflügeln, Sasha«, hatte sie gesagt, und er hatte von den vier C- und D-Steinway-Flügeln und den drei großen Bösendorfern erzählt, die er regelmäßig in einer Stuttgarter Villa stimmte, obwohl nie jemand auf den Instrumenten spielte. Keiner könne in dem Haus Klavier spielen, sagte Sasha, die Flügel stünden da einfach so herum, seien aber immer gestimmt. Er habe die Hausherrin gefragt, warum sie die vielen Instrumente habe, aber sie habe ihn verständnislos angesehen und gesagt: »Warum denn nicht?«

Seither dachte ich oft an die sieben Konzertflügel, auf denen nie jemand spielte. Einmal war ich im Traum durch die vielen Zimmer der Stuttgarter Villa gegangen, und sobald ich eine der Türen geöffnet hatte, fing der Flügel dahinter an zu spielen, als hätte jemand die Mechanik einer gewaltigen Spieluhr in Gang gesetzt, und die Instrumente klappten ihre Deckel auf und zu wie riesige Schmetterlinge ihre Flügel. Dann erschien die Hausherrin, die aussah wie meine Mutter, und sagte: »In diesem Land hätte nie wieder Klavier gespielt werden dürfen«, worauf sie die Augen schloss und versteinerte. Und ich sah, dass ein roter Blutfaden über ihre Stirn in Richtung Wange hinunterlief.

Bei einem der Abendessen hatte der Klavierstimmer gesagt, der Blüthner-Flügel im oberen Stockwerk klinge »heiter«, und ich hatte gefragt, ob er wisse, warum auch auf diesem Flügel nie gespielt werde. Außer dem Klavierstimmer waren noch Achaz, Pfarrer Weinreb und ein paar andere Gäste im Salon gewesen, und meine Mutter hatte die Augen verdreht, als wäre ich ein sehr alter Mann, der immer wieder dieselben Geschichten erzählt.

»Ich will es Ihnen verraten, Sasha«, fuhr ich unbeirrt fort. »Auf diesem Flügel wird nicht mehr gespielt, weil er nicht uns gehört, sondern Charlotte Stein, einer Freundin der Familie sozusagen, die 1944 irgendwo auf dem Weg vom französischen Lager Drancy nach Auschwitz gestorben ist. Aber wir müssen ja alle einmal sterben, oder?«

»Das ist doch alles bekannt, Niki«, sagte meine Mutter in einem Ton, als hätte ich enthüllt, es gebe den Osterhasen nicht.

Ich hatte überlegt, ob ich noch etwas sagen sollte, aber dann war mir alles so mühselig und sinnlos vorgekommen, dass ich ins Bett gegangen war.

Meine Mutter hatte den ganzen darauffolgenden Tag nicht mit mir geredet, wie früher, wenn sie mich übersehen hatte oder bestrafen wollte – warum musst du auch immer wieder mit den alten Geschichten anfangen, Nikolas, du sollst nicht um mich herumgehen, du sollst nicht fragen, du sollst nicht lügen, davon haben wir nichts gewusst, wir haben doch dafür bezahlt, wir haben ihnen diese Dinge ja nur abgenommen, damit sie keine

Last damit hatten, wie hätten sie denn eine Möbelfabrik mit nach Frankreich nehmen sollen?

Jetzt, am Schreibtisch, betrachtete ich das Porträtfoto meines Ururgroßvaters Ferry, der aus seinem ovalen Kirschholzrähmchen heraus in die Gegenwart glotzte, aus der ich zurückglotzte. Was hatte er mit der ganzen Geschichte zu tun? Wahrscheinlich genauso viel oder wenig wie ich, dachte ich, und doch schien es mir, als müsste die Geschichte spätestens mit ihm beginnen, da die Zeit ein Kontinuum ist, ein nie versiegender Strom, der seine Ufer mitnimmt und uns auch, wodurch wir mit unseren aus der Vergangenheit herausglotzenden Vorfahren unweigerlich verbunden sind.

Vorfahren, seltsames Wort, dachte ich. Waren sie uns vorgefahren? Aber wohin denn, in den Tod, oder was? Und was lag dann zwischen uns? Nur die kurze Strecke Leben, die ich noch zurückzulegen hatte? War es nicht vielmehr die Vergangenheit, die uns trennte und gleichzeitig verband?

Ich kritzelte das Wort Ahnen auf ein Blatt Papier, weil ich es passender fand für die Gestalten auf den Fotografien, die vor mir auf dem Schreibtisch lagen, einer Art Lehrerpult mit lackierter Buchenplatte und Kufenbeinen, wahrscheinlich aus den Sechziger- oder Siebzigerjahren und hergestellt von den Schul- und Funktionsmöbelfabriken Finck GmbH & Co. KG (ehemals Stein), an dem schon mein Großvater gesessen hatte. Die braunstichigen Fotografien konnte ich auf dem Tisch hierhin und dorthin schieben, in eine Reihenfolge bringen und wieder umordnen, als gäbe es keine Chronologie, ja als existierten alle abgebildeten Personen zugleich. Und existierten sie nicht tatsächlich in diesen Bildern? Gab es in den Fotos, wie ich es bei Roland Barthes gelesen hatte, nicht eine Spur ihrer physischen Gegenwart, weil sie als beleuchtetes Objekt die Lichtstrahlen zurückgeworfen haben und sich durch einen chemischen Prozess, nämlich die Lichtempfindlichkeit der Silbersalze, auf dem Fotopapier verkörpern? Ein nicht greifbarer, aber doch stofflicher Vorgang, der durch die Vermittlung eines Edelmetalls eine magische, geradezu alchemistische Verwandlung ist: Das Foto offenbart eine Wirklichkeit, die man nicht berühren kann. Jenes *Es-ist-so-gewesen,* wie es bei Barthes heißt. Es ist gewesen, also ist es, dachte ich.

Ich schob meinen Ururgroßvater zur Seite und ordnete im Zentrum, das eigentlich leer sein müsste, wie ich dachte, die fünf Fotos aus der Blechschachtel an. Diese fünf Fotografien der sogenannten Stein-Geschwister hatte mir mein Großvater vor langer Zeit gezeigt, und ich hatte sie als Kind unzählige Male betrachtet, als wäre in ihnen, gleichsam unter der Oberfläche, etwas verborgen, das ich aus der Tiefe der Jahre wieder heraufholen könnte.

Auf dem ersten war Charlotte Stein am Blüthner-Flügel zu sehen. Das aufgeschlagene Notenheft, ihr Kopf mit den kurzen Locken im Halbprofil, ihr überraschter Blick, weil sie offenbar nicht damit gerechnet hat, beim Klavierspielen fotografiert zu werden. Auf dem zweiten, aus größerer Entfernung aufgenommenen Foto steht hinter ihr, etwas unscharf, ihr Bruder Leonhard im gestreiften Pullunder, mit einer Violine unter dem Arm. Das dritte Foto zeigt die beiden Geschwister mit meinem Großvater, offenbar im Freibad, im Hintergrund weiß getünchte Holzhäuschen. Die jungen Männer stecken in gestreiften Badeanzügen, Charlotte trägt ein wadenlanges helles Kleid. Sie blickt lachend in die Kamera, die Augenbrauen erhoben, als staunte sie über etwas, und steht zwischen Henry und Leonhard, der ernster aussieht, wie schüchtern oder vom Licht geblendet. Auf dem vierten Foto sitzen Henry und Charlotte in einem Ruderboot: Charlotte hat den Oberkörper zurückgelehnt und stützt sich auf den Ellbogen ab, während mein Großvater mit der ausgestreckten Hand über den See deutet und ihr etwas zu zeigen scheint. Auf dem fünften, dem letzten, Foto sind sie wieder zu dritt zu sehen: Henry, Charlotte und Leonhard, nebeneinander auf der Récamiere im Salon der Villa Sternbald, die Männer in dunklen Anzügen, Charlotte im ärmellosen Abendkleid. Henry hat die Hände um sein rechtes Knie gefaltet und vielleicht gerade einen Witz gemacht, denn die anderen beiden lachen, während im Hintergrund eine Palme mit fächerfingrigen Blättern einen Schatten wirft.

Ich ließ meinen Blick wieder über die anderen Fotos schweifen, die Fotos meiner Ahnen. Sie lagen nebeneinander wie Teile eines Puzzles, die nicht zusammenpassten. Die etwas unterbelichtete Aufnahme meines Ururgroßvaters Ferry und eines Herrn mit Schnurrbart, auf deren Rückseite in bräunlicher, verblasster Handschrift steht: *Ferdinand Finck und Gustav Stein, am 24. Juni 1897 anlässlich d. Internationalen Erfindermesse in Paris*. Das Porträtfoto meines Urgroßvaters Jean in der Uniform eines Soldaten – den langen Mantel trägt er lässig über der Schulter, etwas zu lässig, als handelte es sich um eine Verkleidung für ein Kostümfest, das Fest des Todes. Und die vielen Kinderbilder. Vielleicht müsste die Geschichte bei den Kindern beginnen, dachte ich, bei der Angst, die ich in ihren Augen zu sehen meinte. Oder hatten sie bloß alles richtig machen wollen? Bloß nicht blinzeln, nicht wackeln, sonst verwackelt alles, mochte man ihnen gesagt haben, so wie man uns eingeschärft hatte, in die Kamera zu lächeln, Niki, Basti, bitte lächeln! Und auf einmal glaubte ich zu wissen, wann der Ernst auf den Fotos vom Lächeln der glücklichen bürgerlichen Familie abgelöst worden war: Es musste in der Nachkriegszeit gewesen sein, in den tatkräftigen Fünfzigerjahren, da man nach vorn geblickt und das Vergessen gelernt hatte. Elftes Gebot: Du sollst nicht fragen. Zwölftes Gebot: Du sollst dir nichts merken, merk dir das.

Und während meine Familie bereits 1945 schlagartig vergessen hatte, dass sie einige Jahre vorher aus Versehen eine Möbelfabrik arisiert und obendrein noch einen Blüthner-Flügel geschenkt bekommen hatten, hatte man später natürlich auch vergessen, mir davon zu erzählen, denn wie kann man von etwas erzählen, das einem entfallen ist wie ein Herbstblatt, das vom Baum fällt und davongeweht wird? Während sie also offenbar alles seit langer Zeit vergessen und sich selbst vergeben hatten, versuchte ich, weit weg in Berlin, umso dringlicher, meine Familie zu vergessen. Bis ich Ele getroffen hatte, die meine Eltern kennenlernen wollte, denn so schlimm, hatte sie gemeint, könnten sie nicht sein. Und dann hatte sie sie nicht nur nicht schlimm, sondern sogar *ganz sympathisch* gefunden, was mich einerseits entsetzt, andererseits erleichtert hatte. Vielleicht hatte sie recht, hatte ich mir einzureden versucht, vielleicht sind sie ja wirklich ganz sympathisch. Aber als wir ein Kind erwarteten, war alles, was in meiner Erinnerung abgesunken war ins Tiefere, wieder an die Oberfläche gekommen, und ich hatte die vielen Geschichtsbücher, die ich in Kartons gestapelt und aus meinem Blickfeld auf die Schränke geschoben hatte, wieder herausgeholt.

Ich hatte nicht mehr damit gerechnet, dass es weiterging, hatte unter meinem Namen im Finck'schen Stammbaum schon den berühmten Schlussstrich gezogen, und einer der ersten Gedanken, als Ele es mir gesagt hatte – mir nichts gesagt, sondern mich nur angeschaut hatte, mit einem Blick, den ich nie vergessen werde, was mir schon damals bewusst gewesen war –, einer meiner ersten Gedanken also war gewesen, dass ich diesem Kind einmal würde erklären müssen, was ich mir selbst nicht erklären konnte, und noch am selben Tag hatte ich angefangen, die mit »Geschichte« oder »NS« beschrifteten Kartons aus meiner Studentenzeit von den Schränken zu holen, hatte den Staub heruntergeblasen und wieder angefangen zu lesen. Wenn ich zu Dreharbeiten unterwegs war, zerrte ich Stapel von Geschichtsbüchern in meinem Rollkoffer hinter mir her, um dem Kind einmal sagen zu können, wer es war und woher es kam, denn ich wusste, dass es seit der Entstehung der Welt keinen Anfang aus dem Nichts mehr gegeben hatte. Die Gegenwart, dachte ich, wächst aus der Vergangenheit heraus wie ein feines Gewebe, das in seiner Textur die Fäden und Muster früherer Zeiten fortführt, und darum lebt man in seinen Kindern weiter, weshalb ich nie Kinder gewollt hatte. Und ich dachte an den vergammelten Tropenhelm, von dem ich nicht wusste, wo er geblieben war, und den ich doch nicht loswurde, weil ich ihn würde weitergeben müssen an ein Kind.

Ob ich mich freute, wenigstens ein bisschen, hatte Ele mich gefragt.

»Natürlich«, hatte ich gesagt.

Wir waren um einen See herumgegangen, bei Herbstwetter, und es erschien mir natürlich, dass man sich darüber freute, ein Kind zu bekommen, auch wenn dieses Natürliche nicht das Geringste mit dem Vernünftigen zu tun hatte. Und ich hatte ihre Hand genommen, die in einem wollenen Fäustling steckte, und hatte Ele an mich gezogen und hochgehoben und durch die Luft gewirbelt, als würden wir irgendeine Filmszene nachspielen, und dann waren wir hingefallen und hatten uns auf dem feuchten Laubboden lachend geküsst.

Jetzt, am Schreibtisch meines Großvaters sitzend, betrachtete ich unter den vielen Kindern mit den traurigen Augen Jean. Auf einem der Fotos quoll sein Lockenhaar unter dem riesigen Tropenhelm hervor, und wenig später schien man ihm das Haar geschnitten zu haben, ich musste zweimal hinschauen, um zu erkennen, dass es sich um dasselbe Kind handelte. Ich sah auf seine Hände, die er auf dem rechten Knie übereinandergelegt hatte, fast damenhaft, und dieses zufällige Detail war es, das mich berührte wie ein Stich, jenes Punctum, von dem Monsieur Barthes gesprochen hatte – seine etwas rundlichen, noch vollkommen kindlichen Jungenhände.

Bei Monsieur Barthes hatte ich auch gelesen, dass die Fotografie außer der verschwundenen Zeit noch etwas anderes zur Erscheinung bringt: die Ähnlichkeit unter Familienangehörigen, die auf dem Papier stärker hervortritt als beim Blick in den Spiegel. Auf dem Foto zeigt sich, schwarz auf weiß oder in Farbe verewigt, die Abstammungslinie in wiederkehrenden physiognomischen Einzelheiten – in dieser oder jener Nasenform, im Schwung der Augenbrauen, in der Wölbung der Stirn, der Körperhaltung, im Blick – und setzt sich, oft zu unserem Erstaunen, über die Jahre, Jahrzehnte und sogar Jahrhunderte fort. Während diese Beobachtung auch etwas Tröstliches haben kann, ist sie für mich verstörend, dachte ich, als ich die Fotografie des kleinen Jean betrachtete und nicht nur mich darin erkannte, sondern auch meinen Großvater und Johann, meinen Neffen, ohne dass ich hätte sagen können, worin im Einzelnen die Ähnlichkeit bestand.

Ich zündete mir eine Zigarette an. Vor den drei Fenstern war es noch hell, ein regnerischer Frühlingsabend, der Himmel verwaschen. Ich sah, dass die Esche fehlte, die wir vor einigen Tagen – wann genau? – gefällt hatten. Da mein Bruder dann doch verhindert gewesen war und mein Vater mit Hexenschuss im Bett gelegen hatte, waren es Sanftleben, Achaz und ich gewesen, die bis spät in den Abend den riesigen, von meinem Urgroßvater Ferry gepflanzten Baum zersägt und als Brennholz im Schuppen aufgeschichtet hatten, und ich hatte das Gefühl gehabt, ich zersägte und schichtete die Zeit. »Wie früher, Niki«, hatte Sanftleben gesagt und mir die Hand auf die Schulter gelegt. Später hatte ich mit Achaz ein Bier getrunken. Wir hatten uns auf die Terrasse gesetzt, obwohl es kalt gewesen war, eine sternhelle Nacht, und ich hatte ihn gefragt, ob er eigentlich freiwillig hier sei oder ob man ihn zwinge? Er hatte gelächelt und gesagt: Ich sei doch auch freiwillig hier, oder nicht?

Dreimal hatte Ele inzwischen versucht, mich zu erreichen. Wahrscheinlich wollte sie wissen, wann ich zurückkomme. Wann ich komme, um zu gehen – *je suis venu te dire, que je m'en vais*. Ich sah aus den drei Fenstern und erinnerte mich daran, dass ich als Kind, wenn ich mit meinem Großvater hier oben gewesen war, mich nie hatte entscheiden können, aus welchem der hohen, schmalen Fenster ich hinaussehen sollte. Jetzt liefen Regentropfen wie Schnüre über die Scheiben. Ich hatte eine Wolldecke um meine Beine geschlungen, weil man die Heizung bereits abgestellt hatte.

Ich zog mein Handy aus der Tasche, wählte unsere Berliner Nummer, die genau genommen nur noch Eles Nummer war, und überlegte, ob ich die acht Ziffern irgendwann vergessen würde oder ob ich mich immer an sie erinnern könnte, wie ich mich an Eles Gesicht und ihren Körper vermutlich immer erinnern könnte, oder ob die Jahre alles ausbleichen würden, bis es nach und nach verschwand.

Es meldete sich der Anrufbeantworter, Eles Stimme. Sie hatte die Ansage noch nicht geändert, noch wohnte ich also dort. Ich legte auf und wählte, ohne vorher darüber nachgedacht oder einen Entschluss gefasst zu haben, Katharinas Nummer, die ich unter dem Kürzel K. abgespeichert hatte. Es tutete dreimal, dann meldete sich auch bei ihr die Sprachbox.

7

»Hast dei' Billet?«, ruft Anna.

Ferry, der am Nürnberger Hauptbahnhof in seinem Gehrock und mit Zylinder in die Eisenbahn nach Paris steigt, wo er auf der Erfindermesse die von ihm und Oberschulamtsrat Dr. Kempf entwickelte Columba-Schulbank präsentieren wird, versteht sie nicht, weil die Lokomotive lärmend Dampfwolken ausstößt und alles vernebelt.

»Was?«, ruft er aus dem heruntergeschobenen Fenster seines Abteils, als sich der Zug in Bewegung setzt, aber Anna schüttelt nur den Kopf und lächelt ihm zu, was tröstlich ist, denn die Art, wie sie dasteht, deutet er als ein Zeichen, dass alles gut gehen wird im fremden Paris.

Auch im Abteil der ersten Klasse fühlt er sich fremd, aber Anna hat gesagt, das soll er sich leisten, das gehört einfach zum Fabrikanten dazu, die ganze Lebensart, und wenn ihn einer sieht, beispielsweise Direktor Stein, der, wie sie gehört hat, auch zur Messe fahren wird, um eins seiner Büromöbel zu präsentieren, und Ferry sitzt dann zweiter Klasse, das schickt sich nicht, und man kann ja zukünftig an anderen Sachen sparen. Also buchte er zähneknirschend die erste Klasse, sodass er nun aus seinem erstklassigen Abteilfenster auf den Perron hinaussieht, wo Anna mit dem Jean steht und winkt, aber dem Buben ist es wieder mal zu laut und unheimlich, weshalb er sich, anstatt zu winken, die Ohren zuhält. Es ist die übergroße Phantasie des Jungen, denkt Ferry, die ihn vom praktischen Leben abtrennt und ängstlich macht. Neuerdings hat er ihn einige Male der Lüge überführt, kleine Lügen sind das gewesen, aber aus kleinen werden große, weiß Ferry, der sich jetzt weit hinauslehnt und winkt, während

Anna und Jean immer kleiner werden unter dem gewölbten Dach des Bahnhofs, wie Spielfigürchen in die Ferne gezogen werden und kaum noch von den anderen zu unterscheiden sind.

Er schließt das Fenster und verstaut sein Gepäck. Die Columba-Bank ist bereits vor Tagen verschickt worden und hoffentlich schon in Paris. Paris! Das hätte er sich nicht träumen lassen, dass er einmal nach Paris …

»Willst nicht mit?«, hatte er Anna gefragt.

Aber sie hatte gesagt: »Was will ich in Paris? Fahr du nur alleine hin.«

Und jetzt fährt er alleine hin, und die Columba ist schon da. Erstaunlich, was die Menschen vermögen, denkt er. Wie die Entfernungen zusammenschnurren durch die Technik, und er ist ja auch ein Teil dieser Bewegung des Fortschritts, in zweifacher Weise, denkt er – erstens, weil er selber etwas erfindet und konstruiert, und zweitens, weil er die dinghafte Voraussetzung dafür schafft, dass die Kinder, die die Zukunft sind, etwas lernen, auf dass sie selber zu Lehrern und Forschern werden und die Menschheit voranbringen, in eine bessere Zeit. Das fügt sich alles so schön ineinander, wenn er darüber nachdenkt, ein Aspekt greift in den andern. Und hat nicht Gott gesagt: Macht euch die Erde untertan?

Er sitzt in seinem Abteil wie in einer Schale, eingeschlossen in seine Gedanken. Und während er aus dem Fenster sieht, ohne etwas wahrzunehmen, nur Geschwindigkeit in Gestalt verschwimmender, verwischender Bäume, taucht das Bild wieder auf von Jean, der sich die Ohren zuhält gegen den Lärm. Als wollte er sich die Ohren zuhalten vor der Zukunft.

Dr. Kempf hat ihm einige Bücher über die richtige Erziehung geliehen, deren Inhalte ihm theoretisch einleuchten, doch in der Praxis schwer umzusetzen sind. Erziehen ist schwer, denkt Ferry, zumal neben dem Beruf, aber es ist nicht minder wichtig, denn auf dem Jungen liegt die Hoffnung. Und der ist nicht stark wie andere Jungen in seinem Alter, sondern zart und fein, und so weich wie seine Haut scheint auch seine Seele zu sein, was zur Folge hat, dass er sich alles zu Herzen nimmt, besonders seine wunderlichen Vorstellungen. Andererseits, denkt Ferry, wer weiß, wofür sie gut ist, die Phantasie. Braucht nicht auch ein Erfinder und Forscher wunderliche Vorstellungen?

Er weiß noch, wie er selber als Bub oft weinte, nachts im Bett, weil die Mutter gestorben war. Er sprach dann mit ihr und bat, sie solle ihm doch eine Antwort geben von ihrem Himmel herunter. Aber sie gab ihm keine, alles blieb still. Geschadet hat es ihm nicht, denkt er, vielleicht sogar im Gegenteil, vielleicht hat es ihn erst stark gemacht. Die Mutter auf ihrem Totenbett, dieses Bild hat sich in seine Seele gedrückt und wird niemals verblassen. Wie er zu ihr sprach und kein Lächeln und keine Antwort kam und er flüsterte: »Bitte, Mama, sag doch was, ich will auch nie wieder ungehorsam sein.« Da war er fünf. Und vielleicht kriegt der Jean einfach zu viele Antworten, denkt er manchmal.

Als Bub hatte er sich dann abgefunden und gedacht, dass die Mutter eben darum keine Antwort gibt und kein Zeichen, weil diese Dinge nicht vorgesehen sind zwischen Himmel und Erde, sie ihn aber trotzdem anschaut von oben herab. In Nächten, wo die Sterne leuchteten, spürte er ihren Blick ganz deutlich in seinem Herzen und eine Zuversicht, die ihm geblieben ist bis heute. Und er will sie an den Jean weitergeben, damit er sich nicht immer so zerquält vor Angst, wo er doch gar keinen Grund hat! Vor einigen Tagen hat er ihm auf Anraten von Dr. Kempf ein schönes Notizbuch gekauft, in Leinen gebunden, mit weißen Seiten und Goldschnitt, in das er jeden Abend eintragen soll, was er getan und gedacht hat, um sich selber und den lieben Eltern Rechenschaft abzulegen. Denn der erste Schritt, sagte Dr. Kempf, sei zunächst einmal, den Unterschied zu lernen zwischen Lüge und Wahrheit. Das Kind leide ja selbst unter der Lüge, es wolle gut sein, nur müsse man ihm helfen, gut zu werden, indem man es anleite, das Wahre vom Falschen und das Gute vom Bösen zu unterscheiden. Zuerst hatte Ferry an eine Schiefertafel gedacht, auf der man jeden Abend die Schrift wieder auslöschen kann, sodass jeder Tag ganz rein begonnen wird, aber Dr. Kempf machte ihm das Buch plausibel, denn eben das Unauslöschliche sei es, das das Kind ansporne, nur mehr Gutes in das Buch zu schreiben.

Ferry hat kaum bemerkt, dass sie in einem Bahnhof gehalten haben und sich die Lokomotive gerade wieder in Bewegung setzt, der große, behäbige Körper mit jener pulsierenden inneren Kraft, die wie lebendig ist. Unglaublich, dass sein Großvater noch umständlich mit der Pferdekutsche gereist ist, denkt er und blickt zur Tür, die vom Schaffner geöffnet wird. Eine junge Dame kommt herein. Er springt auf, um mit dem Gepäck behilflich zu sein, lauter runde und eckige Köfferchen hat die Dame bei sich, die wirklich eine Dame ist, wie man sofort an ihren Kleidern und dem gesamten Auftreten erkennt, da es für sie ganz selbstverständlich zu sein scheint, dass man ihr hilft und dient – nicht nur weil sie eine schöne Frau ist, sondern weil sie in der entsprechenden Sphäre lebt. Sie trägt einen Hut auf dem Kopf, der so groß ist, dass sie kaum durch die Tür gepasst hat, was sie aber keineswegs ungeschickt, sondern erst recht elegant erscheinen ließ, als sie ihren Hut ein wenig am Türrahmen vorbei neigte mit einer anmutigen Drehung des Kopfes.

Sie setzt sich ans Fenster, Ferry gegenüber. Er wechselt auf den mittleren Platz, damit die Füße einander nicht in die Quere kommen. Ein Duft erfüllt das Abteil. Als sie ihr Bein überschlägt, zeichnet sich ihr Knie ab unter dem Stoff, und ein Fußknöchel schaut am Saum hervor, der so schlank ist, dass er ihn mit einer Hand umfassen könnte, denkt Ferry, dem ganz heiß an den Schläfen wird, denn er hat so etwas nicht denken wollen, wie kommt er darauf? Er schließt die Augen, aber auch bei geschlossenen Augen hat er den Fuß vor sich, sogar noch deutlicher, ohne den Schuh, weiß wie Porzellan.

Er spürt einen Lufthauch, öffnet die Augen. Die Dame hat einen Fächer entfaltet und wedelt damit vor ihrem Gesicht, schaut aus dem Fenster, offenbar gelangweilt. Wahrscheinlich fährt sie oft mit der Eisenbahn und ist daran gewöhnt, wie schnell man durch Raum und Zeit gleitet und wie sich beides vermischt. Ihr Blick. Die Blässe der Wangen. Er räuspert sich. Vielleicht, denkt er, möchte sie allein bleiben in ihrem Schweigen. Andererseits weiß er kaum, wo er hinsehen soll, denn auf den Porzellanfuß kann er nicht andauernd sehen, und wenn er die Landschaft hinter dem Fenster betrachtet, die so eilig an ihm vorbeigleitet und sich, als wäre es eine Erinnerung oder Einbildung, in Unschärfe verliert, gerät die Silhouette der Dame in seinen Blick, die ihm ihrerseits wie eine Einbildung vorkommt.

Also beginnt er ein Gespräch, indem er sie fragt, ob er fragen dürfe, wo sie hinfahre.

Und sofort antwortet sie, dass sie ihren Gatten besuche, der zur Kur im Badischen sei.

Worauf er sich andeutungsweise erhebt und seinen Namen nennt, Ferdinand Christian Finck aus Gründlach bei Nürnberg, rasselt er herunter, weil er so überrascht, fast erschrocken ist, dass sie so leutselig geantwortet hat, ja dass sie ihm überhaupt geantwortet hat.

Sie lächelt, aber nicht herablassend, sondern freundlich, und nennt ihren Namen auch: Edith Leuchtenberg. Etwas Mädchenhaftes ist in ihrem Gesicht, ihre Stimme hell. Sie kann kaum älter als zwanzig sein.

Nun muss auch er sagen, wo er hinfährt, und er sagt es: Paris, er fahre nach Paris, was sich ein wenig wie eine Lüge anhört, wenngleich es die Wahrheit ist, aber er kommt sich vor wie ein Hochstapler. Ihm ist heiß, er möchte seinen Kragen öffnen, aber das ist ganz unmöglich. Das hat er davon, dass er wegen Anna erste Klasse gebucht hat und hier nun mit einer jungen Frau Leuchtenberg sitzt, die zerbrechliche Füße und einen Gatten zur Kur hat. Sie gehört hier herein, das sieht man gleich, während er, Ferdinand Christian Finck aus Gründlach bei Nürnberg, zwar das Erste-Klasse-Billet gelöst hat, aber hier im Abteil sitzt wie eine Verwechslung. Wie ein Klotz sitzt er hier. Alles ist ihm zu eng. Wenn er einatmet, ist ihm, als zerplatzte sein Hemd. Wenn er die Augen schließt, sieht er den nackten Fuß. Wenn er sie öffnet, wippt der Fuß auf und ab, berührt ihn fast, und die junge Dame schaut zu ihm herüber. Ihm ist, als wäre dieses Abteil zu klein für sie beide.

Sie hat ihn etwas gefragt.

»Wie meinen?«

Was er in Paris zu tun habe. »Paris ist göttlich!«

»Ja, ja, göttlich«, sagt Ferry, als würde er Paris schon kennen und göttlich finden.

Sie seufzt. Baden-Baden sei ja doch im Vergleich recht öde.

»O ja«, sagt Ferry, als würde er auch Baden-Baden kennen und recht öde finden.

Ihr wippender Schuh, ihr Knöchel. So hell unter dem schimmernden Glitzer des Strumpfes. So nah. Ferry drückt sich in die Polster, sieht aus dem Fenster in die schlierige Geschwindigkeit, sieht den Umriss ihres Oberkörpers am Rande des Fensters. Alles verschwimmt und zieht davon, nichts ist fest, die Wände des Abteils schwanken, Mahagoni, nein, Kirsche, erkennt Ferry, und auf einmal fällt ihm die Columba ein. Da, denkt er, ist Festigkeit, und er atmet auf und beginnt zu sprechen. Er spricht über die Columba-Bank, seine Erfindung, die er mit dem Oberschulamtsrat Dr. Kempf perfektioniert hat, damit einst alle deutschen

Volksschüler darin lernen, auch die Kinder in den Kolonien, und sich der deutsche Geist ausbreite über die Welt. Er spricht über jene Schiefertafel, mit der er angefangen hat, die Tafel, die nichts und doch alles enthält. Er spricht über die Schreinerwerkstatt seines Vaters, aus der die Schulmöbelfabriken Finck hervorgegangen sind unter seiner Führung. Er spricht über den von Dr. Kempf entwickelten Körpermessapparat, dessen Prototyp er gebaut hat, einen verstellbaren Sitz aus Holz und Eisen, mit dem das Kind millimetergenau vermessen wird. Und er spricht über die Seele des Kindes, die noch anpassungsfähig und formbar ist, was sich die Erziehung zunutze machen sollte.

»Zunächst muss der Schüler lernen, still zu sitzen in seiner Schulbank, das ist einmal das Erste, was er an Disziplin zu erlernen hat, denn das Kind will sich ja von Natur aus bewegen. Das Stillsitzen hingegen«, sagt er, indem er versucht zu wiederholen, was Dr. Kempf ihm gesagt hat, »das Stillsitzen ist die Voraussetzung dafür, die Kontrolle über den Körper zu erlangen, was ja schon Kant erkannt hat, hören Sie, Kant – erkannt? Haha, aber Spaß beiseite. Vom Äußeren ins Innere, wenn Sie so wollen, denn erst die Haltung der äußeren Glieder gibt den geistigen Inhalten Raum und Halt.«

Ferry ist ganz beeindruckt, wie gut er auf einmal reden kann, fast wie der Doktor. Und nun fahre er auf die Erfindermesse nach Paris, spricht er weiter, damit kein Schweigen entstehen kann, und werde dort seine Columba-Schulbank vorstellen, die ein ganz neuartiges, an die neue Zeit angepasstes Modell sei. Aber er wolle sie nicht langweilen.

Es sei doch nicht langweilig, sagt Frau Leuchtenberg und wippt mit dem Fuß. Sie macht ein nachdenkliches Gesicht. »Bitte erklären Sie mir, Herr Finck: Wie verhält sich der äußere Zwang, dem das Kind ausgesetzt sein muss beim Stillsitzen, zum Kant'schen Begriff der Freiheit?«

Ferry spürt, dass wieder alles durcheinander ist. Eine Frau, die Kant gelesen hat! Er ist selbst ganz durcheinander. »Nun ja, es ist doch sehr einfach«, sagt er, ohne zu wissen, was einfach ist, aber plötzlich fällt es ihm ein, wie von einer höheren Sphäre herunter fällt ihm ein Gedanke ein, der nicht von ihm gedacht, sondern offenbar schon da gewesen ist, er muss ihn jetzt nur aussprechen: »Erst wenn wir die Natur besiegen, das Tierische und Triebhafte im Menschen, kann sich das eigentlich Menschliche, nämlich die Vernunft, frei ausbilden. So befreien wir das Kind, indem wir es anfänglich zwingen.«

»Sie trauen dem Menschen nicht eben viel zu«, sagt Frau Leuchtenberg und wippt mit dem Fuß. »Sie stecken ihn in Ihren Körpermessapparat, aber nicht der Apparat passt sich dem Menschen an, sondern der Mensch soll sich dem Apparat anpassen. Damit wird der Mensch selbst zum Apparat. Ist nicht das, was mit Lust geschieht, weit förderlicher für die Entwicklung des Kindes?«

»Aber es ist doch eine Lust für das Kind, sich zu bilden und zu lernen«, sagt Ferry. Da redet er mit einer wildfremden Frau im Zug nach Paris über Lust. Allein dieses Wort aus ihrem Mund! »Das Kind ist von Natur aus nichts«, fährt er fort. »Erst durch die Erziehung wird es zum Menschen. Alles müssen wir dem Kind beibringen.«

»Alles?«, fragt Frau Leuchtenberg und neigt den Kopf.

»Alles«, sagt Ferry.

»Auch das Gefühl? Das Mitgefühl für den andern? Auch die Liebe?«

Ferry wird es wieder ganz schwül. Er überlegt. Und da öffnet sich das schwarze Maul eines Tunnels, schluckt den Zug in vollkommene Dunkelheit. Auch das noch. Er hört das Rascheln des Fächers. Ihren Atem kann er nicht hören, aber er meint ihn zu spüren. Jetzt kommt man ja direkt ins Philosophische, denkt er und versucht, sich Dr. Kempf zu vergegenwärtigen, sein rundes, helles Gesicht. Es blitzt durch seine Gedanken und verschwindet wie ein verlöschendes Licht. »Nun«, sagt er.

»Nun?«

»Es gibt, denke ich, zwei Arten von Liebe«, sagt er. »Eine niedere und eine höhere.«

Wieder das Rascheln des Fächers. Der Rhythmus der Schienen, der ihn in immer tiefere Dunkelheit zieht.

»Und beide Arten muss der Mensch erst lernen? Oder hat er sie nicht von Natur aus?«

»Also«, sagt Ferry und knöpft seinen Kragen auf. Er sei ja kein studierter Mann, er sei bloß ein Fabrikant. Aber er denke, der Mensch sei wie ein Stück Holz, aus dem alles Mögliche gefertigt werden könne. Wie der Schreiner das Holz aus dem rauen Naturzustand in seine veredelte Erscheinungsform bringe, »so gibt der Lehrer dem Kind die Form, indem er es erzieht, sagt Kant, und die Werkbank des Lehrers ist die Schulbank«, sagt Ferry und ist von sich selber wieder ganz überrascht und beeindruckt.

Ob das Kind nicht eher wie eine Pflanze sei, die Raum benötige zum Wachsen? So sage es der Philosoph an anderer Stelle, wenn sie sich recht erinnere, sagt Frau Leuchtenberg, deren Gestalt jetzt schemenhaft aus dem Dunkel aufgetaucht ist, weil sich Ferrys Augen an die Finsternis gewöhnt haben, ihr Knie, die Wölbung ihres Oberschenkels, der Flügelschlag des Fächers.

Die lässt nicht locker, denkt er und knöpft den Kragen schnell wieder zu. Dabei ist ihm so ein schönes Bild geglückt, die Schulbank als Werkbank des Lehrers. Aber immer hat sie was dagegen einzuwenden. Wenn wenigstens dieser Tunnel vorbei wäre, damit wieder eine Helligkeit herrscht, eine Genauigkeit der Dinge, an der die Gedanken und Vorstellungen Halt finden. Er nimmt sein Taschentuch aus der Hose und wischt sich die Stirn. Aber man müsse, sagt er, auch einen Garten hegen und pflegen, die Pflanze wolle gezogen und beschnitten sein, damit sie ordentlich wachse und Früchte trage.

»Sind Sie schon einmal im tropischen Urwald gewesen?«, fragt sie. Und ihrem Tonfall ist anzuhören, dass sie schon weiß: Da war er noch nicht.

»Nein«, sagt er. »Diese Erfahrung war mir noch nicht vergönnt.«

In dem Moment wird es hell. Der Tunnel spuckt sie wieder aus. Licht und Schatten gleiten über ihr Gesicht, das er in der Dunkelheit fast vergessen hatte.

Sie steht auf, klappt den Fächer zu. Ob er ihr helfen könne mit dem Gepäck? Sie steige an der nächsten Station aus.

»Ach? So schnell?«

Er nimmt die Köfferchen und Schachteln von der Ablage, und als er sich zu ihr dreht, streift ihr nackter Arm seine Hand. Er zuckt zusammen. Sofort ist es wieder zu eng im Abteil, er riecht den Duft ihres Haars. Und schon hält der Zug mit einem Lärmen und Dampfen, und sie tritt auf den Gang hinaus und ist verschwunden.

Er schiebt das Fenster nach unten, beugt sich nach draußen und sieht sie aus dem Dampf hervortreten mit ihrem Hut, groß wie eine Wolke, während ein Mann, ein Ehemann, ihr entgegenkommt und die Arme ausbreitet. Aber als Ferry sich anschickt, das Fenster zu schließen, dreht sie sich um und winkt zu ihm herauf.

Paris. Ferry steht auf dem Perron der Gare du Nord und sieht in die Richtung zurück, aus der er gekommen ist, auf die Schienen, die unter der Stahlkonstruktion des Bahnhofsdaches mit dem gläsernen Giebeldreieck hindurch in einen lichten Glanz hineinführen, der ihn blendet. Kurz darauf, auf dem Vorplatz, winkt er einer Droschke und nennt die Adresse des Hotels. Er hat ein günstiges gebucht, alles andere ginge dann doch zu weit. Er hält sich ohnehin nicht lange dort auf. Zum Marsfeld nimmt er sich wieder eine Droschke. Dieses Paris ist einfach zu groß, denkt er, zu voll, aus allen Ecken und Gassen quellen Menschen, Fuhrwerke, Automobile, die sich über die Straßen und Boulevards ergießen, als würden sie von den Straßen hervorgebracht.

»Paris ist göttlich«, hatte Frau Leuchtenberg gesagt, und wie sie es gesagt hatte, so hüpfend und fast schon französisch, es geht ihm nicht mehr aus dem Kopf, während er durch diese lärmende und scheinbar endlose Stadt fährt, die überragt wird in der Ferne von jenem Turm aus Stahl und Eisen, den er von Bildern kennt. Als die Droschke an einer Straßenkreuzung anhält, sieht er den Turm in voller Größe, wodurch sich die Wirklichkeit wie ein zweites Bild über seine Vorstellung schiebt. Es könnte einem fast schwindlig werden, denkt Ferry, als die Droschke mit einem Ruck wieder anfährt.

Auf dem Marsfeld steigt er aus. Er betritt die Maschinenhalle durch einen großbogigen Eingang, dann steht er in der gewaltigen Mittelhalle, an die sich rechts und links – wie die Seitenschiffe ans Hauptschiff einer gotischen Kathedrale – die Seitenhallen anschließen, überwölbt von einem Kuppeldach aus Glas und Eisenverstrebungen, die filigrane Muster bilden, wodurch sie das Nützliche mit dem Schönen verbinden, als gehörte beides zusammen. Durch das Glas dringt ein mildes, gleichmäßiges Licht herein, und Ferry, der, winzig klein, unter dem Kuppeldach stehen geblieben ist und hinaufschaut, muss an St. Sebald in Nürnberg denken, wo er Anna geheiratet hat und die Kinder am nämlichen Taufstein wie Albrecht Dürer getauft wurden. Jedes Mal ergreift ihn ein heiliges Gefühl, wenn er in St. Sebald steht und sich winzig klein und doch geborgen fühlt in der Größe und Höhe des Kirchenraums, und genauso geht es ihm jetzt. Dieses

Gefühl von Kleinheit und zugleich Aufgehobensein in einem Größeren, das der technische Fortschritt ist, getragen vom allgemeinen Menschengeist, der vom Geist des Höchsten kommt.

Aber die Geräusche sind doch anders als in einer Kirche, denkt er und geht weiter – Stampfen und Dampfen von Maschinen, Lachen und Lärmen, ein Wimmeln und Durcheinander von Menschen, meist Männern im Gehrock und mit hohem Zylinder, selten sieht man auch Damen im Gedränge, helle oder bunte Flecken in der dunklen Monotonie der Erfinder- und Geschäftswelt. Und da ist sie wieder, die Leuchtenberg, durchflattert seinen Kopf wie ein tropischer Falter.

Er geht weiter, bis er sie gefunden hat. Die Columba-Schulbank steht in der Tiefe der Halle auf einem Sockel inmitten anderer Schulmöbel. Und auf dem Messingschild steht: *Schulmöbelfabriken Finck.* Das ist er. Er liest die Buchstaben zweimal, um sich zu vergewissern, dass dies Wirklichkeit ist, wie der Turm aus Stahl und Eisen wirklich ist und nicht nur auf Bildern existiert.

Derweil zieht die Kommission mit Papieren und Messapparaten von Möbelstück zu Möbelstück, schaut hier und prüft dort und notiert sich einiges. Nun wird auf einer Bühne etwas verlesen. Es wird geklatscht. Man winkt, man winkt ihm zu, winkt ihn auf die Bühne, die mit blau-weiß-roten Bändern geschmückt ist. Also steigt er die kleine Treppe hinauf, steht zwischen den Mitgliedern der Kommission, die ihm die Hand schütteln, einer nach dem anderen, und zum Schluss überreicht ihm ein sehr runder Herr mit Spitzbart eine Urkunde und ein mit blauem Samt bespanntes Kästchen, weil er eine Goldmedaille gewonnen hat, die in dem Kästchen auf einem seidig glänzenden Futteral liegt. Da erlebt man den größten Triumph seines Lebens, und gleich ist er auch schon wieder vorbei, denkt er. So ist das, alles kommt und geht, aber das Samtkästchen und die Urkunde werden dir bleiben, genau wie die Erinnerung, in der dieser Tag aufgehoben sein wird.

Als er draußen vor der Halle eine Droschke anhalten will, fährt sie so eng und geschwind an ihm vorüber, als gäbe es ihn gar nicht. Dabei hatte er gedacht, jeder müsse ihm ansehen, dass er eine Goldmedaille in der Kategorie Schulmöbel gewonnen hat, und sich darum reißen, ihn durch Paris zu fahren. Aber es ist schwer, überhaupt eine Droschke zu bekommen bei dem Betrieb. Auch für einen Goldmedaillengewinner ist es schwer, und kurz überlegt Ferry, ob er sich die Medaille um den Hals hängen soll, damit jeder sie sieht, aber es kommt ihm dann doch zu unbescheiden vor, wahrscheinlich sind diese Medaillen eher fürs Dunkel der samtbespannten Schachtel und die Erinnerung bestimmt, sagt er sich. Aber Dr. Kempf wird er telegraphieren und natürlich Anna. Und das Schulministerium wird es auch interessieren. Er winkt einer weiteren Droschke, vergeblich. Auf einmal fällt ihm ein, dass er ja gar nicht weiß, wohin sie ihn fahren sollte und was er nun eigentlich anfangen könnte mit diesem großen Tag in diesem großen Paris, denkt er, als eine Droschke, in der bereits jemand sitzt, nah an ihn heranfährt.

Direktor Gustav Stein aus Erlenstegen bei Nürnberg hebt den Hut zum Gruß.

Er hebt auch seinen Hut.

Stein fragt, ob er vielleicht mitfahren will, »es ist ja fast unmöglich, eine Droschke zu bekommen«.

»Ja, ja«, sagt Ferry, »wirklich unmöglich.«

»Wir Franken müssen schließlich zusammenhalten in der Fremde«, sagt Stein.

Ferry steigt ein. In der Hand hält er das blaue Kästchen, und auch Stein, sieht er, hat ein blaues Kästchen auf dem Schoß.

»Sie auch?«, fragt Stein.

»Herzlichen Glückwunsch«, sagen beide wie aus einem Mund.

»Da bringen wir also zwei Medaillen in unsere Heimat«, sagt Ferry. Und jetzt spürt er den Stolz und die Freude, als hätte sich das Gefühl verspätet, wie Sonnenlicht, das durch Nebel dringt, wo er doch bei der Verleihung gar nichts gespürt hat, nur eine Vergänglichkeit von allem. Und er freut sich auch für Gustav Stein. Er weiß nicht, ob er sich auch für ihn freuen würde, wenn er selber nichts gewonnen hätte, aber so freut er sich für ihn, und Stein scheint sich wiederum für ihn zu freuen, was die Freude vermehrt.

Sie fahren einige Zeit schweigend. Die Sonne scheint. Das Laub der Bäume spannt sich wie ein Gewölbe über den Weg, der an der Seine entlangführt. Auf dem Wasser Funken von Licht. Er muss lächeln, wenn sein Blick auf die blauen Kästchen fällt, die sie beide in der Hand halten. Zwei Möbelfabrikanten aus dem Mittelfränkischen, der eine baut Schulmöbel, der andere Büromöbel. Nur ein Stück Reichswald trennt ihre Wohnhäuser, während ihre Fabriken im Wiesengrund sich fast berühren. Und das andere, das sie trennt, fällt in diesem Moment nicht ins Gewicht.

Als sie die Seine überqueren, fragt ihn Stein, ob er etwas vorhabe oder ob er ihn auf ein Getränk einladen dürfe, damit man zusammen anstoßen könne auf den doppelten Erfolg, und so wird die Droschke in die Avenue des Champs-Élysées gelenkt, zu einem Gartenlokal, in dem die Ober sehr aufrecht und blitzschnell zwischen den Tischen umhergehen, wie Tänzer, die den Boden mit den Füßen kaum berühren.

Gustav Stein bestellt für sie beide.

Der weiß, was man hier bestellt, denkt Ferry, und kann es sogar auf Französisch sagen, das sich zwar nicht besonders Französisch anhört aus seinem Mund, aber der Ober versteht ihn.

Sie trinken auf den Erfolg, auf die Zukunft, und mit einem Mal ist es Ferry, als spürte er die kommende Zeit. Und wie durch einen Riss in der Gegenwart meint er, seine fernen Enkel und

Urenkel zu sehen, daheim auf der Récamiere im Salon, kleine Gestalten mit undeutlichen Gesichtern, aufgereiht wie für eine Fotografie. Und er überlegt, ob Stein, der ganz versonnen ins Abendlicht schaut, einen ähnlichen Gedanken hat, ob auch er die Reihe der Nachkommen an einem Ort sich versammeln sieht, in einer glücklichen Zukunft.

Als hätte er seine Gedanken gehört, sagt Stein: »Seltsam, mein lieber Herr Finck. Je weiter wir von der Heimat entfernt sind, desto näher rückt sie uns, nicht wahr?«

»Ja«, sagt Ferry. »Der rote Bordeaux ist gut und schön, aber so ein fränkisches Helles …«

Sie stoßen an.

»Wir bestellen halt trotzdem noch einen«, sagt Stein und winkt dem Ober.

Die Magnolienbäume rauschen, auf der Avenue ziehen die Droschken vorbei, vereinzelte Automobile, dunkle Zylinder und farbige Damenhüte, und wieder schwebt die Leuchtenberg in seine Gedanken. Ferry nimmt einen großen Schluck von seinem Wein, der ihm sofort zu Kopf steigt, wo aber schon die Leuchtenberg ist. Stein bietet ihm eine Zigarre an, sie rauchen.

»Fühlen Sie mitunter auch, dass sich alles so rasch verändert, nichts mehr fest ist, alles schwankt?« Ferry wundert sich über seine Worte, die er vorher nie gedacht hat.

Stein lächelt vor sich hin mit seinem Schnurrbart, der selbst zu lächeln scheint. »Es stimmt schon«, sagt er. »Aber vielleicht kam einem das zu jeder Zeit so vor, meinen Sie nicht?«

»Ach«, sagt Ferry. »Früher war doch alles fester gefügt, und jeder hatte seinen Platz in der Ordnung.«

»Nun ist die Freiheit aber auch etwas Hilfreiches«, sagt Stein. »Aber sie birgt auch so manche Gefahr.«

Und da bricht es aus Ferry heraus. Während die Abendsonne auf die Fenster des Lokals fällt und alles in einen rötlichen Glanz und Schimmer taucht – die von Sprossen unterteilten Glasscheiben, die Wipfel der Bäume, die weißen Tische –, spricht er zu Gustav Stein, dem er zuvor nur einige wenige Male begegnet ist, über Frau Leuchtenberg. Der Strom seiner Worte hält selbst dann noch an, als das gleißende Abendlicht in den Scheiben längst verloschen ist.

»Eine Frau, eine schöne Frau, die Kant gelesen hat! Erbauliche Literatur und Abenteuerromane, von mir aus, aber doch nicht Philosophie! Dann diese Ideen über den Menschen an sich und die Erziehung! Da sehen wir, was geschieht, wenn die Frauen anfangen zu lesen. Es ist ja kein Wunder, dass sie nicht kräftig genug sind, um einen Inhalt genau zu erfassen, und den Sinn des Gelesenen darum entstellen und verdrehen und sonderbare und verweichlichte Gedanken und Ideen in die Welt bringen. Auch wenn alle erst darüber lächeln – die Ideen sind dann doch in der Welt und eine Gefahr.«

»Haben Sie eine Tochter?«, fragt Stein.

»Zwei Töchter und einen Buben.«

»Würden Sie den Mädchen verbieten, Kant und Rousseau zu lesen?«

»Ich weiß nicht. Wenn ich fürchten muss, es kommt etwas dabei heraus, das alles auf den Kopf stellt ...«

»Ich denke, wir können die Zeit nicht aufhalten, lieber Herr Finck. Wie Sie es gesagt haben – was einmal gedacht und ausgesprochen worden ist, bleibt in der Welt: was Rousseau vom Kind gedacht hat, was Mendelssohn und Kant von der Vernunft gedacht haben, was Fichte vom Ich gedacht hat. Der Menschengeist ist wie ein Fluss mit unzähligen Zuflüssen, Wirbeln und Strömungen, die sich ineinander vermischen und in die Zukunft fließen, wie die Zeit selber.«

»Und er kann auch alles fortreißen und verschlingen«, sagt Ferry.

»Oder zu besseren Ufern tragen. Wissen Sie, ich habe auch drei Kinder, zwei Buben und ein Mädchen, und zu ihnen sag ich immer: Lest, was ihr lesen könnt! Was ihr im Kopf habt, das kann euch keiner nehmen.«

Ferry schweigt.

»Wo wären wir heute beide«, sagt Stein, »Sie und ich, ohne den Fluss des Geistes? Sie säßen vermutlich in einer düsteren Werkstatt, als Gesell eines Gesellen. Und ich mit einem spitzen Hut in einem Krämerladen.«

»Wissen Sie was, Herr Stein? Heute, in der Maschinenhalle, überkam mich ein fast religiöser Schauder. Ich fühlte mich als Teil des Ganzen ...«

Ferry verstummt und wundert sich: Da erzählt er diesem Stein, der auf der anderen Seite des Wiesengrunds sitzt und Büromöbel baut mit einigem Erfolg, seinem Kollegen und Nachbarn, den er kaum kennt, von seinen innersten Gedanken. Und fühlt sich verstanden, wie er vielleicht noch nie verstanden worden ist, fühlt sich ihm gleich, obwohl sie nicht gleich sind. Äußerlich gibt es kaum etwas, das darauf hindeutet, dass Gustav Stein grundlegend von ihm verschieden ist. Vielleicht ist sein Teint eine Nuance matter, nicht so stechend weiß wie der seine, wodurch er als Franzose durchgehen könnte mit seiner weltläufigen Eleganz, die er ganz selbstverständlich an sich zu haben scheint ebenso wie die Belesenheit und den Geschmack, mit dem er hier im Gartenlokal auf den Champs-Élysées zielsicher den Wein auf Französisch bestellt, ohne sich seine Überlegenheit anmerken zu lassen, was ihn noch überlegener macht, denkt Ferry. Vielleicht wäre es doch besser, wenn alles wie vor hundert Jahren wäre und Gustav Stein nicht in einer lichten Fabrik und einer Villa jenseits des Hügels, sondern in einer Krämerbude säße und er selber in der dunklen Werkstatt.

Jetzt sitzt er mit dem Stein hier in Paris. Und der trägt keinen

Spitzhut, sondern ein Zylinder liegt neben ihm auf dem Stuhl. Und er hat, wenn Ferry es sich recht besieht, noch nicht einmal einen matteren Teint. Man merkt es ihnen nicht mehr an heutzutage, denkt er und zweifelt, ob das ein Vorteil ist: wenn alles gleich ist, die Frauen wie die Männer, die Juden wie die Christen. Der Jude hat ja die Fähigkeit zur Verwandlung in sich, denn weil er kein Land hat, muss er sich immer derjenigen Umgebung anverwandeln, in die er sich auf seiner ewigen Wanderschaft begibt, wie ein Chamäleon oder ein Dämon, der alle Gestalten annehmen kann – so hat es, erinnert sich Ferry, jedenfalls in der Schule der Pfarrer Bertholt gepredigt, der ein wenig ausgesehen hat wie der Doktor aus Wittenberg, aus dessen Schriften er mit Vorliebe zitierte. Durch diese Wandlungsfähigkeit, denkt Ferry, können sich die Juden geschmeidiger in den Fluss der Zeit einfügen als wir, die wir von jeher tief in der Heimat verwurzelt sind.

Es duftet nach Sommer. Der lange, schöne Tag geht bald zu Ende. Gustav Stein sieht auf den Knauf seines Spazierstocks, die Brauen zusammengezogen, als dächte er über etwas Schmerzliches nach, aber die Spitzen des Schnurrbarts lächeln. Ferry kann jetzt beim besten Willen nichts Chamäleonartiges an ihm entdecken.

»Wissen Sie, Herr Finck, vor vielen Jahren sagte mir ein Lehrer Folgendes: ›Es gibt nicht eine Wahrheit, es gibt so viele Wahrheiten, wie es Menschen gibt. Und wenn es doch eine Wahrheit gibt, die alle Menschenwahrheiten übertrifft und vereint, so können wir sie nicht erkennen, also müssen wir uns auch nicht darum kümmern. Kümmern wir uns lieber um die Menschen, das ist schon schwer genug‹, so hat er gesagt, und je älter ich werde, desto öfter denke ich daran zurück. Es ist, als ob jene Zeit der Kindheit immer mehr in die Gegenwart ausgreift.«

»Aber, Herr Stein«, sagt Ferry, »ohne die Wahrheit geht es doch nicht. Da könnte ja jeder denken und machen, was er will.«

»Ich mag die Wahrheit nicht besonders«, sagt Stein.

»Lassen Sie also Ihre Kinder stets tun, was sie wollen?«

Gustav Stein seufzt. »Nein, im Gegenteil. Ich bin sicher viel zu streng mit ihnen. Denn der Lehrer, von dem ich gerade gesprochen habe, hat mir noch etwas anderes gesagt, und das ist mir viel deutlicher in Erinnerung als manches, was sich erst gestern zugetragen hat. Es war an einem Nachmittag im Sommer. Ich ging über den Hügel zur Synagoge nach Ermreuth. Das Korn stand hoch, es war heiß, ich lief den Feldweg entlang. Ich weiß noch, ich war spät dran, und der Rabbi mochte nicht, wenn man zu spät zum Unterricht kam, da gab's gleich eine Extraaufgabe. Aber anstatt schneller zu gehen, wurde ich immer langsamer, die gelben Ähren wogten im Wind, keine Wolke über mir, und wie zufällig änderte ich die Richtung und lief den Hügel hinunter zum Bach, weil ich wusste, ein paar Schulkameraden saßen dort und angelten Forellen, Bauernburschen zumeist, mit selbst gemachten Ruten. Der Geruch des Wassers, die kühlen Schatten der Bäume am Feldrain. Wir angelten den ganzen Nachmittag, ich war ja froh, wenn sie mich mittun ließen. Und am Abend bin ich dann heim. Bin den Hügel wieder rauf, und als ich nach oben blicke, sehe ich auf dem Kamm eine schwarze Gestalt, die herunterkommt und größer wird, mit einem wehenden Mantel und mit Hut, und ich schirme meine Augen, bleibe stehen und sehe, es ist der Rabbi Geiger. Er kommt immer näher, dann bleibt er vor mir stehen und sieht durch seine runde Brille auf mich herunter.

›Komm, Gustav‹, sagt er, ›wir gehen ein paar Schritte zusammen, ich begleite dich.‹

Mir wird fast schlecht, was aber hilft's, wir gehen zusammen den Hügel hinauf.

›Weißt du‹, sagt der Rabbi, ›wir haben dich heute vermisst.‹

Gleich wird er mich beim Vater abliefern, denke ich, und der wird mir die Ohren langziehen.

›Wir haben heute über Joseph und seine Brüder gesprochen‹, sagt der Rabbi. ›Und darüber, wie Joseph ihnen verzeiht. Stehe ich denn an Gottes Stelle?, hat Joseph gefragt. Ihr habt Böses gegen mich im Sinn gehabt, Gott aber hatte Gutes im Sinn.‹ Der Rabbi zupft ein paar Grashalme ab, steckt sich einen zwischen die Zähne, gibt mir auch einen. ›Ich sehe, dass dir im Augenblick alles schwerfällt, das Lernen in der Synagoge und auch das Lernen in der Schule, oder?‹

Ich sage nichts. Kaue auf dem Grashalm herum. Der Rabbi Geiger sieht mich nicht an und durchschaut mich trotzdem, denke ich.

›Was hast du so Wichtiges gemacht, während wir über Joseph gesprochen haben?‹, fragt er.

Wir sind auf dem Kamm des Hügels angelangt, drunten liegt das Dorf, wir bleiben stehen.

›Ich hab geangelt‹, sage ich. ›Mit den anderen, unten am Bach.‹

›Was habt ihr denn gefangen?‹

›Forellen, ein paar Krebse.‹

›Gut!‹, sagt er. ›Du hast die Natur erforscht. Im Grunde ist es egal, wie der Mensch lernt, aber lernen muss er, und besonders du musst lernen und dich anstrengen, mehr als die anderen, Gustav.‹

›Warum?‹

›Weil du ein Jude bist, darum. Sonst werden sie dich nicht in Ruhe lassen.‹ Und dann sagt er noch, der Rabbi Geiger: ›Ich weiß nicht, ob es Gott gibt, und es interessiert mich auch nicht besonders. Ich weiß aber, dass er das Gute im Sinn hat, Gustav. Und das Gute zeigt sich in dem, was wir lernen, erkennen und tun. Und jetzt lauf heim.‹

Und ich laufe, laufe immer schneller den Hügel hinunter, und auf einmal hab ich gemeint, ich fliege. Und dann hab ich mich wieder angestrengt mit dem Lernen und bin nicht sitzengeblieben in der Schule, obwohl es Spitz auf Knopf gestanden ist. Und das sag ich auch meinen Kindern, dass sie sich anstrengen müssen, mehr als die anderen vielleicht.«

Er sieht in den Garten und schweigt.

Auch Ferry schweigt. Dann sagt er: »Mir hat mal ein älterer Schulkamerad gesagt: ›Du kriegst einen Groschen, wenn du in der Christenlehre zum Pfarrer sagst: Guten Morgen, Herr Pfarrer Schnapskartoffel‹, und ich hab's gemacht. Wie er rein ist und wir hochgeschossen sind von den Bänken, hab ich leis gesagt: ›Guten Morgen, Herr Pfarrer Schnapskartoffel.‹ Ich dachte, er hört's nicht, aber er hat offenbar doch was gemerkt. Er zieht mich also raus aus der Bank, setzt mich auf sein Pult und sagt, ich soll's noch mal sagen. Ich mach den Mund nicht auf. Er sagt: ›Komm, sag's noch mal, es wird dir nichts passieren, ich versprech's.‹ Und da hab ich es gesagt: ›Guten Morgen, Herr Pfarrer Schnapskartoffel‹, und die ganze Klasse lacht, und ich hab links und rechts ein paar sitzen und dazu noch zehn auf die Finger mit dem Stock.«

Sie lachen.

Eine Abendgesellschaft nimmt unter den Platanen im Garten Platz. In Weiß gekleidete Frauen mit wolkigen Hüten, feine Herren, die ihnen die Stühle rücken. Und auf einmal taucht aus dem Schatten der Bäume, wie aus dem Nichts, ein dürrer Mann auf, karierter Anzug, eine verbeulte Kappe auf dem Kopf, und steht vor ihrem Tisch. Er schleppt einen riesigen Fotoapparat. Neigt seinen Kopf ein wenig, er lächelt und entblößt eine Reihe schwarzer Zähne.

»Bonsoir messieurs.«

Er will sie fotografieren. Stein winkt ab. Der dürre Mann besteht darauf, indem er mit den Händen gestikuliert vor seiner Brust, er faltet sie, dann zeigt er in den Himmel und legt die

Hände wieder aneinander. Das Licht sei so wunderschön, wie es nie wieder sein werde, übersetzt Gustav Stein.

»Ein armer Teufel«, sagt er leise zu Ferry, »lassen wir ihn machen. Er sagt, er schickt uns das Foto mit der Post.«

»Glauben Sie das?«, raunt Ferry.

Stein zuckt mit den Schultern. »Man wird sehen.«

Und er setzt sich neben ihm in Positur, während der dürre Fotograf, leicht hinkend, wie Ferry erst jetzt bemerkt, hinter dem riesigen Apparat und unterm Tuch verschwindet. Man blickt in die Kamera, es blitzt und pufft, und jene chemische Verwandlung geschieht, die aus vergänglichen Körpern ein Bild formt, auf dem zu sehen ist, dass der Augenblick, einmal gewesen, nie wieder sein wird.

Am nächsten Morgen geht Ferry in der Rue des Lombards in ein Kolonialwarengeschäft und kauft einen Tropenhelm für Jean. Aber weil das lügende Kind derzeit kein Mitbringsel verdient, erklärt er ihm bei der Rückkehr Folgendes:

»Der Helm, mein lieber Jean, soll deiner sein, wenn du dich besserst. Solange dies nicht der Fall ist, wird er hier in der Eingangshalle in für dich unerreichbarer Höhe an einem Haken hängen, als Ansporn für dich und Zeichen für uns, wie es um deine Ehrlichkeit bestellt ist. Und nun komm und gib deinem Papa einen Kuss.«

So, und nicht anders, kam der Tropenhelm in die Familie.

8

Vor mir auf dem Schreibtisch liegt ein aufgeschlagenes Buch, das die Zeichnung eines Schädels enthält, eine mittelalterliche Darstellung des menschlichen Gehirns. Darin zu sehen sind drei Hohlkammern, die Ventrikel. Die erste wird *imaginatio* genannt, die zweite *intellectus*, die dritte heißt *memoria.* Die *imaginatio*, die Sinneseindrücke zu Vorstellungen, also Bildern verarbeitet, befindet sich direkt hinter den Augen, der *intellectus* sitzt im Zentrum und reicht bis zur höchsten Stelle unterhalb der Schädelwölbung, sodass Erleuchtungen von Gott und den Engeln auf dem schnellsten Weg empfangen werden, und die *memoria*, das Erinnerungsvermögen, residiert im sprichwörtlichen Hinterkopf. Die drei Ventrikel sind über dünne, schlauchartige Korridore verbunden, und über diese Korridore gelangen die in der *imaginatio* entstandenen Bilder zunächst in den *intellectus* und von dort in die *memoria*, wobei es zwischen Bildern der sinnlichen Wahrnehmung und solchen der Phantasie keinen Unterschied zu geben scheint. Es handelt sich um innere Bilder, *phantasmata*, die, wenn überhaupt, erst im *intellectus* voneinander geschieden werden. Die Trennlinie ist hauchfein, was die neusten Erkenntnisse der Gehirnphysiologen, Psychologen und Erinnerungsspezialisten bestätigen dürften. Ob ich mich also an meinen Ururgroßvater oder an mich als Kind oder an Katharina erinnere, macht keinen Unterschied.

Katharina, die Hauser, wie wir sie später nannten – ich weiß nicht mehr, wann wir uns angefreundet haben, wann sie nicht mehr nur wegen des Blüthner-Flügels zu uns heraufkam, sondern auch ein bisschen wegen mir. Es wird an dem Tag gewesen sein, an dem Eddie den Glauben an die Gerechtigkeit verlor.

Jedenfalls gingen wir an jenem Tag zum ersten Mal nach der Schule ein Stück zusammen, bevor wir uns bei der Linde am Unteren Markt trennten, wo die Post, der Lidl und die im Winter geschlossene Eisdiele Dolomiti waren. Hier bog sie immer ab und lief den Berg hinauf, den Oberkörper leicht nach vorn geneigt, als würde sie mit kleinen Hörnern gegen einen Widerstand angehen. Ich blieb noch eine Weile stehen und sah ihr hinterher, während sie im Schneefall, der den Himmel schraffierte, allmählich undeutlicher wurde und die blitzenden Katzenaugen auf ihrem Schulranzen verloschen.

Von diesem Tag an gingen wir nach der Schule zusammen, wobei ich nicht weiß, ob sie es auch so genannt hätte oder ob ich einfach nur neben ihr herging, denn wir sprachen kein Wort auf unserem Weg. Manchmal hatte ich den Eindruck, sie ginge absichtlich schneller, um mich abzuhängen – ich war einen Kopf kleiner als sie und hatte kürzere Beine, aber es gelang ihr nie. Irgendwann versuchte ich, Katharina, wenn wir uns dem Unteren Markt näherten, in ein Gespräch zu verwickeln, damit sie noch eine Weile bei der Linde stehen bleiben musste. Meistens tat ich so, als hätte ich eine Hausaufgabe nicht verstanden, und je dümmer ich mich stellte, desto länger dauerte das Gespräch.

»Ich verstehe es einfach nicht«, sagte ich so lange, bis sie zum Beispiel ihr Rechenheft rausnahm und aufblätterte und mir irgendwelche Zahlen und Aufgaben erklärte, während ich schon überlegte, was ich noch fragen könnte, bevor sie sich umdrehen und weggehen würde. »Aber warum?«, sagte ich. »Warum ist das denn so?«

»Weil es so ist«, sagte sie und schlug das Heft wieder zu.

Eines Tages war ich ihr einfach gefolgt, den schmalen, steilen Weg hinauf, der linker Hand an dem in Stufen abfallenden Schlossgarten vorbeiführte, an einer bemoosten und mit etwa fußballgroßen Sandsteinkugeln verzierten Mauer entlang, von der die Steinfußbälle wie durch ein Wunder nie herunterrollten. Oben erreichten wir die Straße, wo hinter halb geschlossenen Rollläden Häuser dösten.

Ich fragte, was wir in Reli aufhätten.

Sie antwortete, wir sollten malen, wie Jesus über den See Genezareth gelaufen sei.

Ich sagte, der heilige Sebald könne das auch. Er laufe über die Pegnitz wie über Glas. Wie mit Schlittschuhen gleite er übers Wasser.

Katharina schien es nicht zu glauben.

Der heilige Sebald könne auch aus Eiszapfen Feuer entfachen, sagte ich.

Sie blieb vor einem Fachwerkhaus stehen. Durch ein geöffnetes Tor sah ich in die Weite eines mit Verbundsteinen gepflasterten Hofes: mehrere Scheunen und Hallen, ein Misthaufen und ein neu gebautes Haus, dessen Fenster spiegelten und sich glubschäugig herauswölbten, links ein uralter Traktor der Marke Lanz und rechts ein nagelneuer zitronengelber Mercedes-LKW. Auf dem Verbundsteinpflaster lag kein einziger Strohhalm. Eine schwarze Katze huschte unter dem Bulldog hervor, setzte sich geduckt in die Mitte des Hofes und musterte uns. Katharina ging in den Hof und beugte sich zu der Katze hinunter, nahm sie auf den Arm und streichelte sie, während sie sich nach mir umwandte und lächelte. Ob sie mich anlächelte oder ob das Lächeln der Katze galt und aus Versehen noch auf ihrem Gesicht geblieben war, wusste ich nicht. Ich wusste auch nicht, ob es Katharina überhaupt recht war, dass ich sie nach Hause begleitet hatte, oder ob sie es nur duldete und mehr oder weniger ignorierte, wie man eine piksende Klette ignoriert, die einem an der Strumpfhose klebt. Weil man Wichtigeres zu tun hat, als die Klette zu suchen und zu entfernen, und weil das Piksen gerade noch auszuhalten ist.

In der Villa Sternbald gelang es mir inzwischen immer häufiger, sie in mein Zimmer oder in einen der Schuppen zu locken, wobei sie anfangs immer etwas Gönnerhaftes oder Gelangweiltes an sich hatte, als spielte sie nur mir zuliebe ein bisschen mit. Bis sie sich dann doch vertiefte und es Abend wurde, ohne dass wir es merkten, auch in den Bäumen oder im alten Bienenhäuschen, das ein Schiff war und in das wir aus Sanftlebens Brettern ein zweites Schiff hineinbauten, auf dem wir uns, doppelt abgeschirmt, von der Welt der Erwachsenen entfernten. Die Intimität, die durch die gemeinsam erlebten Abenteuer entstand, löste sich allerdings über Nacht wieder auf, sodass alles in eine traumartige Ferne gerückt war, wenn wir uns am nächsten Morgen in der Schule begegneten, und mir ganz unwahrscheinlich vorkam in der Nüchternheit des Klassenzimmers. Waren wir wirklich aufs Meer hinausgefahren, dachte ich, und würden wir je wieder mit einem selbst gebauten Schiff aufs Meer hinausfahren?

Es besaß unsere Lehrerin, Frau Zipf, einen riesigen Bleistiftanspitzer in der Form des Hundes Wum, mit dem sie, während wir schweigend auf eine Arbeit konzentriert waren, mitunter ihre Bleistifte anspitzte. Noch heute ist das Gefühl angespannter Konzentration, stiller, aber erzwungener Aufmerksamkeit auf eine Sache, die man sich nicht ausgesucht hat und deren Sinn man nicht begreift, etwa das Ausfüllen von Formularen auf einem Amt, in meiner Vorstellung verbunden mit jenem Geräusch des Bleistiftanspitzens. Die im Klassenzimmer herrschende Stille, die nur vom Knirschen und Splittern der im Schnitzwerk sich drehenden Holzstifte unterbrochen war wie vom Ticken einer Uhr, schien mir damals endlos zu sein, eine Fläche ohne Horizont, und die Ungewissheit, wie lange die sogenannte Stillarbeit andauern würde, wann sie aufhören, ja ob sie überhaupt je wieder aufhören würde, machte mich ganz verrückt. Oft stellte ich mir vor, dass wir viele Jahre in diesem stillen, nur vom Kratzen des Bleistiftanspitzers belebten Klassenzimmer sitzen würden, mit rotem Kopf über unser Heft gebeugt, und dass wir erst mit weißen Haaren hier herausgehen würden.

Ich malte damals monsterartige Figuren in mein Rechenheft, die einander auffraßen, wodurch sich Reigen oder Friese ergaben, die die Seiten füllten. Dann, weil Frau Zipf gesagt hatte, das gehe aber nicht, in ein Rechenheft gehörten keine Monster, sondern Zahlen, malte ich die Monster auf die von meiner Familie hergestellte Schulbank, Monster, die sich nicht mehr auffraßen, sondern hervorbrachten, indem sich eins das andere ausdachte, wodurch sie nur in der Gedankenblase des jeweils anderen existierten – bis ich während einer Stillarbeit zu der Überzeugung kam, dass Frau Zipf sich uns ausgedacht hatte. Uns gab es nur als Vorstellung der Frau Zipf, und ich hatte es als Einziger herausgefunden! Andererseits hielt ich es genauso für denkbar, dass ich mir Frau Zipf ausgedacht hatte, aber warum gelang es mir dann nicht, die Zeit der Stillarbeit abzukürzen? Ich kam zu dem Schluss, dass ich es nicht wollte. Ich wollte stillarbeiten, und ich wollte, dass Frau Zipf ihre Bleistifte anspitzte!

Eines Mittags, als ich Katharina nach Hause begleitete, sagte ich zu ihr, ich hätte mir alles ausgedacht, Frau Zipf, das Klassenzimmer, die Schule, den Schulhof mit der einbetonierten Buche und der Bank drumherum, die ganze Welt. Katharina ging schweigend neben mir, als hätte sie mich gar nicht gehört. Vor ihrem Hoftor blieb sie stehen. Dann könne ich mir ja noch einen zweiten Wum ausdenken, sie hätte nämlich auch gern so einen Bleistiftanspitzer, sagte sie und grinste herausfordernd. Schon drehte sie sich um und ging über den gefegten Hof ins neue Haus, und ich wartete, bis sie wie ein Schatten hinter den Glasbausteinen neben der Eingangstür vorübergeschwebt und verschwunden war.

Als ich am nächsten Tag frühmorgens durch das Schulgebäude rannte, um nicht zu spät in den Unterricht zu kommen, wurde ich von dem aus dem Lehrerzimmer heraustretenden Direktor Wichmann gemaßregelt, da das Rennen auf den Fluren streng verboten war. Allerdings war auch das Zuspätkommen verboten, dachte ich, was ich dem Direktor aber nicht sagte, weil es zu nichts führte, wenn man versuchte, mit Erwachsenen zu diskutieren, und weil er bestimmt wieder eine lange Antwort gegeben hätte, wodurch ich noch später in den Unterricht gekommen wäre. Während er also erklärte, dass das Rennen auf dem Schulflur streng verboten sei, gelang es mir, einen Blick in das Lehrerzimmer zu werfen, und in einem der Regale sah ich den auf seinem orangeroten Kissen sitzenden Wum, der meinen Blick traurig erwiderte.

Im Klassenzimmer, wo Frau Zipf mich wegen meines Zuspätkommens maßregelte, erklärte ich, Direktor Wichmann habe mich aufgehalten.

»So? Womit hat er dich denn aufgehalten?«

Alle blickten von ihren Heften auf und sahen mich an.

Er habe mir erklärt, dass man auf den Fluren nicht rennen dürfe, antwortete ich wahrheitsgemäß, aber wenn man einerseits nicht rennen, andererseits nicht zu spät kommen dürfe, stehe man auf einem Zwiespalt, sagte ich und bereute sofort, dass ich mich nun doch auf die Diskussion mit einer erwachsenen Lehrerin eingelassen hatte.

Man müsse dann eben früher losgehen, sagte Frau Zipf freundlich und streng zugleich.

Ich hätte aber zu Hause dringend noch etwas zu erledigen gehabt, sagte ich.

Worauf Frau Zipf wissen wollte, was denn so dringend gewesen sei.

Ich biss mir auf die Lippen und sagte zu ihr hinauf: »Etwas.«

Aber Frau Zipf insistierte. Ich solle ihr nun bitte sagen, was wichtiger gewesen sei als die Schule.

»Ich schreibe ein Theaterstück mit dem Titel ›Der große Aerophonautiker, der sich den Riesenzwerg namens Zipf, die Schule und die Welt nur ausgedacht hat‹.«

Alle lachten.

Ich spürte, dass meine Wangen heiß wurden bis in die Ohren hinein, als hätte jemand eine Kanne Kamillentee in meinen Kopf geschüttet. Frau Zipf runzelte die Stirn und schien zu überlegen, wodurch ihr Gesicht etwas Formloses, Grießbreihaftes bekam. Dann spitzte sie den Mund und sagte, ich solle morgen eben etwas früher aufstehen, und es klang leicht beleidigt.

In der nächsten Stunde saß Pastor Burkhard auf dem Lehrerpult und war wenigstens eine Abwechslung. Ich meldete mich und beantwortete eine seiner Fragen, bevor ich das Gesicht verzog und bat, auf die Toilette gehen zu dürfen. Ich schlich über den Flur. Auf dem Fußboden dünne Schlieren von Schneematsch, in die das Profil von Gummisohlen eingestempelt war, kein Geräusch in dem alten Schulhaus außer dem Quietschen meiner Schritte. Ich ging an einigen beige lackierten Türen vorüber, an der Garderobe, an der unsere Mäntel und Mützen hingen, als wären wir Kinder dort aufgehängt, eins neben dem anderen, und legte mein Ohr an die Tür des Lehrerzimmers, um zu horchen. Dann öffnete ich die Tür, erst einen kleinen Spaltbreit, dann weiter, und sah den traurigen Wum auf seinem orangeroten Kissen sitzen.

Ich hatte mir gar nicht überlegt, wo ich ihn hintun könnte. Unter meinen Wollpullover konnte ich ihn nicht schieben, weil er als Beule sofort sichtbar gewesen wäre. Also wickelte ich ihn, als ich wieder an der Garderobe mit den leblosen Kinderhüllen vorbeikam, in meinen Schal und steckte beides in die Kapuze meines Anoraks.

Nach der letzten Stunde, auf dem Nachhauseweg, fragte mich Katharina spöttisch, ob ich mir denn auch ausgedacht hätte, dass wir übers Wochenende so viele Hausaufgaben machen müssten.

Ich schwieg.

Wir überquerten den Holzsteg, der über den Wiesbach führte. Auf den Zierkugeln der Schlossgartenmauer lag Schnee, als wären Köpfe weiß behaart. Oben in der Straße standen schon Weihnachtsbäume hinter Zäunen. Als Katharina durchs Tor in den Hof hineingehen wollte, holte ich den Hund, der noch immer in meinem Schal verpackt war, aus meinem Schulranzen und wickelte ihn aus. Katharina sah den Hund an, dann sah sie mich an. Während er auf meiner ausgestreckten Hand saß, fragte ich mich, ob ich ihn nicht lieber selbst behalten sollte, und zog die Hand ein wenig zurück, aber dann sagte ich: »Für dich!«

Katharina zögerte, bevor sie den Hund entgegennahm und von allen Seiten misstrauisch betrachtete.

Ich sagte, sie solle ihn lieber niemandem zeigen.

Sie nickte. Dann sagte sie: »Danke«, und lächelte mich an, wie sie mich noch nie angelächelt hatte, wobei Grübchen auf ihren Wangen sichtbar wurden.

Ich murmelte, es sei ja nur eine Kleinigkeit, und winkte ab. »Ich werde übrigens demnächst wieder ein Theaterstück aufführen«, sagte ich. »Mir fehlt noch eine Schauspielerin, die verschiedene Rollen übernehmen kann, und da habe ich an dich gedacht.«

Katharina, die es bisher immer abgelehnt hatte, bei meinen Stücken mitzuspielen, und nur einige Male widerwillig und herablassend die Aufführungen musikalisch begleitet hatte, nickte abwesend.

Natürlich könne sie auch Klavier spielen in dem Stück, sagte ich.

Sie nickte, immer noch abwesend, und betrachtete weiter den auf ihrer Hand sitzenden Hund.

»Versprochen?«

Wieder nickte sie, aber ich war mir nicht sicher, ob sie mich gehört hatte. Dann drehte sie sich um und lief über den Hof davon, als hätte sie Angst, ich könnte es mir noch einmal anders überlegen und das Geschenk zurückfordern.

Wir sprachen nicht mehr über den Hund. Es war, als hätte es gar keinen Hund zwischen uns gegeben, aber Katharina studierte das Theaterstück mit mir zusammen ein, indem sie die Rollen auswendig lernte und tat, was ich von ihr verlangte, während mein Bruder, der sich kaum etwas merken konnte und oft im verkehrten Augenblick auf der Bühne erschien, noch weniger zu gebrauchen war als Jackie, der Irish Setter meines Großvaters, der in dem Stück eine Sphinx darstellte und wenigstens auf seiner Decke sitzen blieb, wenn er auch von Zeit zu Zeit mit dem Schwanz wedelte.

Für die Premiere hatte ich zwei Feinstrumpfhosen meiner Mutter als Kasperlmütze über den Kopf gezogen und gerufen: »Seid ihr alle da? Ja? Ich bin auch alle da!« Das war die erste Szene, danach zog ich mich hinter der halb geschlossenen Flügeltür um, und Katharina spielte etwas auf dem Klavier vor. Außer meinem Großvater war auch Sanftleben in den zum Theatersaal umfunktionierten Salon gekommen. Er saß in Strümpfen auf seinem Stuhl, aber die Jacke hatte er nicht ausgezogen, weil er offenbar nicht damit gerechnet hatte, dass es so lange dauern würde. Während des ersten Aufzugs erschienen überraschend Frau Schicker und meine Mutter, die allerdings noch vor dem Ende des ersten Aktes wieder gingen, wobei meine Mutter, übertrieben schleichend, pantomimische Klatschbewegungen andeutete, um uns nicht zu stören.

Katharina hatte offenbar gedacht, damit wäre es ausgestanden und der Hund abbezahlt, aber nach der Premiere begann ich sofort, am nächsten Stück zu arbeiten, in dem wieder eine Sphinx, ein Aerophonautiker und eine Pianistin vorkamen.

Sie habe halt anderes zu tun, als bei meinen komischen Theaterstücken mitzuspielen, sagte sie, als ich sie vor dem Blüthner-Zimmer abpasste.

Dann könne sie mir ja den Hund wieder mitbringen, sagte ich. Sie lasse sich nicht erpressen, ein Geschenk sei ein Geschenk. Und sie ging an mir vorbei ins Zimmer und setzte sich an den Flügel, woraufhin ein Vorhang von Musik aufrauschte, hinter dem sie verschwand.

Eines Morgens lief Frau Zipf schweigend im Klassenzimmer auf und ab und ließ ihren Blick sorgenvoll über die Bankreihen wandern. Ihre Augen schienen sich mit den Brillengläsern vorzuwölben, wurden immer größer, je länger sie vor uns auf und ab ging, die Arme vor ihrem Rollkragenpullover verschränkt. Dann fing sie an zu sprechen.

Sie sei enttäuscht, und derjenige, um den es gehe, der wisse schon, was sie meine, sagte sie, während ihr Blick jedes einzelne Kind abtastete, auf Eddie Stier aber besonders lang verharrte, bis der ganz rot wurde und den Kopf senkte. Ihr Bleistiftanspitzer sei verschwunden, und sie habe leider zu der Annahme kommen müssen, dass jemand von uns ihn entwendet habe.

Eine Bewegung ging durch die Klasse. Ich sah, dass Katharina, die zwei Reihen vor mir saß, erstarrte. Frau Zipf aber blickte zu Eddie.

Derjenige, der es gewesen sei, sagte sie, solle zu ihr kommen und es zugeben, andernfalls müsse sie mit der ganzen Klasse böse sein.

Auch ich blickte Eddie an, der seine Augen auf den Tisch gesenkt hielt und schwieg. Dann sah ich durch das mit Strohsternen geschmückte Fenster nach draußen, wo die Schneeflocken herabsanken hinter meinem Spiegelbild, das zu uns hereinschaute mit einem Strohstern auf dem Kopf.

Wenn einer von uns ihr etwas sagen wolle, dann wisse er ja, wo sie zu finden sei, sagte Frau Zipf und ging grußlos hinaus.

Pfarrer Burkhard, der von der ganzen Bleistiftanspitzergeschichte offenbar nichts wusste, erzählte uns dann ein Gleichnis. Zehn Jungfrauen warteten auf einen einzigen Bräutigam, was mir schon etwas übertrieben vorkam, aber gut. Während fünf von ihnen Ersatzöl für ihre Lampen mitgenommen hatten, waren die anderen fünf dafür zu blöd gewesen und hatten bald kein Öl mehr, weshalb ihre Lampen ausgingen. Aber die anderen fünf gaben ihnen nichts ab von ihrem Öl, sollten sie halt zum Kaufmann gehen und es sich kaufen, selber schuld, worauf die fünf vergesslichen Jungfrauen losgingen, um das Öl zu besorgen, und der Bräutigam kam und verschwand mit den fünf anderen im Haus, und als die vergesslichen Jungfrauen zurückkehrten und auch hineinwollten, sagte er: Ich kenne euch nicht, könnte ja jeder kommen, zumal ihm fünf Frauen wahrscheinlich auch echt genug waren.

Ich fand das Ganze merkwürdig, und ich dachte, dir könnte es auch passieren, dass du aus Versehen kein Öl mitnimmst, weshalb mir das Verhalten der klugen Jungfrauen und des Bräutigams nicht besonders nett vorkam. Aber Pfarrer Burkhard sagte, es sei nur ein Gleichnis gewesen, mit dem Jesus seinen Jüngern etwas habe veranschaulichen wollen, was ich nicht verstand, mir aber bis zur nächsten Klassenarbeit merken wollte.

Vor dem Fenster schneite und wirbelte es noch immer, wie auch die Worte des Pfarrers herabschneiten und in meinem Kopf herumwirbelten, obgleich ich ja draußen vor dem Fenster war und reinschaute. Niemand bemerkte mich. Seltsam, dachte ich, dass Eddie einen Anspitzer wegnimmt, wo er doch wissen müsste, dass es rauskommen wird. Und was wohl aus den vergesslichen Jungfrauen geworden ist? Ob sie einen anderen Ehemann gefunden haben, vielleicht sogar jede einen eigenen, oder ob sie vor dem Haus des grausamen Bräutigams aus Liebeskummer haben sterben müssen, nur weil sie etwas vergesslich oder zu aufgeregt gewesen sind, um an Ersatzöl zu denken? Wenn ich ehrlich war, kamen mir die fünf vergesslichen Jungfrauen viel sympathischer vor als die klugen Jungfrauen, saudumme Streberinnen, und ich war mir sicher, dass ich die Vergesslichen bei mir aufgenommen hätte. Ich stellte mir vor, wie ich das Tor des Palastes weit aufgemacht und meine Arme ausgebreitet hätte. Dann hätte ich ihnen mein neues Theaterstück vorgelesen, und sie hätten applaudiert, und dann hätten wir es zusammen einstudiert und Welterfolge gefeiert. Sogar meine Mutter wäre begeistert gewesen, nur Katharina hätte einen beleidigten Eindruck gemacht, weil für sie keine Rolle mehr übrig gewesen wäre, Pech gehabt.

Nach der letzten Stunde, als wir nach Hause gingen, schneite es noch immer. Eine wattige Schneedecke lag auf dem Schulhof. Ich bückte mich, formte einen Schneeball, und er traf Eddie am Kopf. Sofort kam er angerannt. Er packte mich am Kragen, stopfte mir Schnee in den Nacken, seifte mich ein. Weißer Atem quoll aus seinem lachenden Mund wie Rauch.

»Dir wird das Lachen noch vergehen. Die Zipf weiß ja längst, dass du es warst«, zischte ich in sein Ohr.

Er schob mich rückwärts über den Schulhof, Katharina ging als rot leuchtender Fleck an uns vorbei. Die gelbe Bommelmütze loderte wie ein Flämmchen auf ihrem Kopf. Sie wartete nicht auf mich, sondern lief eilig über den Hof und wurde unsichtbar im weißen Nichts.

»Du hast den Anspitzer doch selber gestohlen«, rief Eddie. »Wie ihr euch immer alles zusammengestohlen habt!«

»Du lügst!«, schrie ich, boxte ihm in den Bauch, und als Eddie sich krümmte, rannte ich davon.

Am Schlossberg fuhren sie Schlitten. Ich hörte das Rufen der anderen Kinder, gedämpft, als käme es aus einer fernen Welt, die von meiner Welt für immer getrennt war. Alles aus, dachte ich. Und auf einmal stand mir ein Bild vor Augen: zwei Tore, die nebeneinanderliegen und auf die ich zulaufe. Hinter dem einen Tor geht die Welt weiter, wie ich sie kenne. Hinter dem anderen Tor ist Helligkeit, aber keine normale Helligkeit, wie sie vom Sonnenlicht oder einer Lampe herrührt, sondern ein milchiges Weiß, in dem sich alles auflöst. Ich bleibe stehen und sehe mich durch die zweite Tür laufen und verschwinden.

Am Nachmittag klopfte Katharina sehr leise an meine Tür. Sie schlüpfte herein, nahm etwas aus einer Lidl-Plastiktüte, einen in ein geblümtes Frotteehandtuch gewickelten Gegenstand, den sie langsam und sorgfältig auswickelte, und stellte ihn auf meinen Schreibtisch. Ohne mich anzusehen oder etwas zu sagen, ging sie wieder hinaus.

Eine Weile saß ich da. Es war so still im Haus. Die Stille wuchs an wie eine Welle, die auf mich zurollte, aber in der Bewegung stockte, als wäre sie plötzlich zu Eis gefroren. Fast hätte ich mir gewünscht, jemand spielte Klavier, nur um zu wissen, dass die Zeit nicht stehen geblieben war.

Ich starrte den Hund an, und der Hund starrte ratlos zurück. An seiner Schnauze war die schwarze Farbe schon etwas abgeschabt. Ich dachte, dass Frau Zipf bestimmt sehr traurig war ohne den Hund, und auch Katharina war traurig ohne den Hund, und da fiel mir ein, dass ich mir alles nur ausgedacht hatte. Wenn es den Hund gar nicht gab, würde niemand mehr traurig sein, dachte der Aerophonautiker, und er stand auf, nahm den Hund und schob ihn unters Bett. Dann breitete er seinen Mantel aus, der mit Sternen bestickt war wie die Nacht, öffnete das Fenster und flog hinaus.

In der Schule fing Frau Zipf immer wieder von dem Anspitzer an – sie werde mit unseren Eltern sprechen, wenn niemand sich melde und der Anspitzer nicht auftauche, was mir langsam auf die Nerven ging, als gäbe es nichts Wichtigeres auf der Welt als den dummen Anspitzer. Katharina wollte überhaupt nichts mehr mit mir zu tun haben. Tag für Tag stapfte sie die Auffahrt herauf und spielte so laut Klavier, dass ich mich in meinem Zimmer kaum auf mein Playmobil-Spiel konzentrieren konnte, bis der Lärm zwei Stunden später wieder verstummte. Ich hörte Schritte auf der Galerie, schnelle Schritte, die sich vor meiner Tür verlangsamten, dann wieder schneller wurden und sich die Treppe hinunter entfernten. Ich stürzte aus dem Zimmer und folgte ihr in die Halle, sagte, ich müsse ihr etwas zeigen, unten im Schiff, *in unserem Schiff*, aber sie schien mich gar nicht zu hören mit ihren spitz und elfenhaft durch die Haare hindurch leuchtenden Ohren, sondern stiefelte an mir vorbei durch die Tür.

Ohne mir eine Jacke überzuziehen, ging ich ins Bienenhäuschen hinunter und hockte mich hinter den Bretterstapel, um mich zu verstecken, auch wenn mich keiner suchte. Ich fror, die Kälte kroch erst in die Füße, dann die Beine herauf, und meine Hände wurden so kalt, dass ich sie fast nicht mehr bewegen konnte. Schließlich hatte ich das Gefühl, die Kälte dringe nicht von außen in mich hinein, sondern sie käme aus mir heraus. Ich selber bin die Kälte, ich bin der Eiskönig, dachte ich, und dann hörte ich auf zu frieren.

Als es schon dunkel war, fand mich mein Großvater. Man steckte mich in die Badewanne, meine Mutter persönlich rubbelte mich trocken. Ich nahm mir vor, von nun an jeden Tag Eiskönig zu spielen, denn man musste nur erfrieren, und schon hatten sie Zeit für einen, dachte ich, während sie sonst nie Zeit hatten. Wenn überhaupt, hatten sie Zeit für einen, wenn man selber gerade keine Zeit hatte, aber jetzt hatten sie Zeit und ich auch. Ich schlang die Arme um den Hals meiner Mutter, klammerte mich an sie. Selbst nachdem sie mich ins Bett gebracht und zugedeckt hatte, blieb sie bei mir sitzen, und ich nahm mir vor, wach zu bleiben, um ihre Nähe nicht zu verpassen.

Dann musste ich doch eingeschlafen sein, denn als ich erwachte, saß mein Großvater an meinem Bett. Er erzählte vom heiligen Sebald, während von unten gedämpfte Klaviertöne heraufklangen. Meine Mutter hatte nämlich doch nicht ganz so viel Zeit, sondern eine Probe mit dem Pfarrer Burkhard und einem Bratschisten vom Nürnberger Opernhaus, die sie »beim besten Willen« nicht habe absagen können, sagte mein Großvater, aber sie komme später noch einmal herauf, sie habe es versprochen. »Du hast ja hohes Fieber«, fügte er hinzu und strich mir über die Stirn.

Und ich dachte, wie schön es wäre, unheilbar krank zu sein und zu sterben, während alle, sogar mein Vater, um mein Bett herum sitzen und mich anschauen würden, bis ich tot wäre, und auch dann würden sie mich noch weiter anschauen und mich beweinen. Am meisten würde mein Großvater weinen, dachte ich. Meine Mutter würde wahrscheinlich nur kurz weinen und dann etwas seufzen und sagen: Es ist nicht zu ändern, was vergangen ist, ist vergangen, und schon würde sie aus dem Zimmer eilen, um die Trauerfeier zu organisieren, zu telefonieren und so weiter. Eine traurige Nachricht, würde sie ins Telefon sagen, unser Niki ist leider verstorben, ja, wirklich schade, aber es ist nicht zu ändern, Schwamm drüber, und mein Vater hätte wahrscheinlich einen Termin, aber es würde mir nichts ausmachen, denn ich war ja tot. Und irgendwann würden sie sich daran gewöhnen, dass ich tot war, es würde ihnen auch langweilig werden zu trauern, sie würden es vergessen, ich hätte nie existiert. Und die Fotos von mir, die neben denen der anderen Kinder im Treppenhaus hingen, würden langsam verblassen und verschwinden.

Mir kamen die Tränen, und ich griff nach der Hand meines Großvaters. Jackie, sein Irish Setter, würde auch traurig sein, da er in meinen Theaterstücken nicht mehr die Sphinx spielen könnte, dachte ich. Er würde treu an meinem Grab sitzen und von Zeit zu Zeit mit dem Schwanz auf die Erde klopfen, und ich würde von unten an den Sargdeckel klopfen: Sei nicht traurig, liebe Sphinx. Mein Großvater hatte mir das Rätsel der Sphinx von Theben gestellt. Was ist das: Geht morgens auf vier Beinen, mittags auf zweien, am Abend auf dreien? Er hatte mir vom König Ödipus erzählt, der seinen Vater getötet und aus Versehen die Mutter geheiratet hatte, was ich kaum glauben konnte, aber gut. Weil sein Vater das schon geahnt hatte oder weil es ihm von jemandem prophezeit worden war, wollte er Ödipus als Baby vorsichtshalber gleich loswerden, indem er ihm die Füße durchbohren und ihn fesseln und von einem Hirten im Gebirge aussetzen ließ, damit er von wilden Tieren zerrissen werde. Aber der Hirte empfand Mitleid mit dem unschuldigen Kind. Also wuchs es heran. Der Sohn tötete den König und wurde selber König. Klaviermusik klang herauf, Querflöten- und Bratschentöne, die durcheinanderwirbelten und an der Zimmerdecke erschienen wie Schriftzeichen, die ich nicht entziffern konnte.

Auf einmal kam mir ein Gedanke, und ich erschrak: Wenn es sein konnte, dass Leute ihr Kind aussetzten mit durchbohrten Füßen, dann könnte es doch auch sein, dass sie dich eines Tages aussetzen! Ich zitterte am ganzen Körper und hatte wie immer, wenn ich fieberte, das Gefühl, etwas Großes, Schwarzes schöbe sich herein, das glänzte und spiegelte. Der Flügel meiner Mutter, der die Form eines Elefanten hatte, füllte mit seiner spiegelnden Dunkelheit mein Zimmer aus und versuchte, mit seinem Rüssel einen Faden in eine Öse zu fädeln. Die Nadel durchbohrte die Füße des Knaben Ödipus, oder waren es die Holzfüße des Herrn Jesus Christus in der Kirche oben am Schlossberg? »Eine Riemenschneider-Plastik«, sagte mein Großvater, »eine sehr wertvolle Riemenschneider-Plastik!«

Ich hörte die Stimme meines Großvaters und hielt seine Hand ganz fest. Mit der anderen Hand betastete ich seinen behaarten Handrücken, wie ich es immer machte, wenn er abends noch an meinem Bett saß und mir von der Erfindung der Columba-Schulbank oder vom heiligen Sebald erzählte, der bei Regensburg über die Donau spaziert war wie über Glas oder Eis. Ich zupfte an den Härchen, sodass auf dem Handrücken ein kleines Gebirge entstand, das ich fasziniert betrachtete. Aber jetzt verschwamm es vor meinen Augen.

»Großvater«, flüsterte ich.

»Hier bin ich, Niki«, sagte er und drückte meine Hand.

»Was haben wir eigentlich gestohlen?«

Er schwieg.

»Haben wir was gestohlen?« Ich zitterte. Mein Bett war so weich wie ein Pudding, in den ich einsank, und alles war so dunkel. Tränen liefen über meine Wangen und fühlten sich kühl an. Ich spürte die eiskalte Hand meines Großvaters auf der Stirn.

»Nein, nichts«, sagte er.

»Wirklich?«

»Nichts, Niki, du phantasierst ja.«

Dann bin ich offenbar eingeschlafen, und als ich aufwachte, saß wieder meine Mutter an meinem Bett. Mein Kopf kam mir viereckig vor, zerbrechlich und hohl. Etwas knisterte darin. Ich hielt mir den Kopf, damit er nicht aufsprang wie ein Ei.

»Mama«, flüsterte ich. »Nicht weggehen.«

»Natürlich nicht«, sagte sie.

»Nicht aussetzen, Mama.«

»Was redest du denn, Niki?«, sagte sie und strich mir mit dem Handrücken über die Wange.

»Ihr dürft mich nicht aussetzen.«

»Natürlich nicht.«

»Versprichst du es?«

»Natürlich. Schlaf jetzt.«

Dr. Klinger diagnostizierte eine leichte Lungenentzündung. Tagelang durfte ich nicht aufstehen. Irgendwann kam Frau Sörgel, die bei uns putzte, und wischte Wum unter meinem Bett hervor, ohne dass ich etwas dagegen tun konnte. Sie stellte den Hund auf meinen Schreibtisch, genau in dem Augenblick, als meine Mutter zur Tür hereinkam. Frau Sörgel wischte noch ein wenig herum und wischte dann hinaus, während meine Mutter im Zimmer stand und den Hund anstarrte wie einen Geist. Sie schaute auf den Hund, sie schaute auf mich, dann senkten sich ihre Augenbrauen, aber sie sagte nichts, sondern stellte den Kamillentee, den sie mir gekocht hatte, auf meinen Nachttisch. »Trink ihn bitte, solange er heiß ist«, sagte sie. Dann ging sie hinaus und schloss die Tür hinter sich.

Später kam sie mit einem Teller Suppe zurück, was mich wunderte, denn sonst brachte mir immer Frau Schicker die Suppe. Den Hund hatte ich inzwischen wieder unters Bett geschoben.

Ob ich ihr vielleicht etwas sagen wolle, fragte meine Mutter und beobachtete, wie ich meine Suppe aß.

Ich schüttelte den Kopf.

Falls ich ihr etwas sagen wolle, dann solle ich das bitte tun. Man könne in einer Familie über alles reden.

Ich nickte und löffelte schweigend meine Suppe, und meine Mutter ging mit dem leeren Teller wieder hinaus.

Noch später kam mein Großvater ins Zimmer, setzte sich zu mir auf die Bettkante, klopfte meine Kissen zurecht. Bei der Kirchenchorprobe gestern habe er die Frau Zipf getroffen, sagte er. Er solle mich schön grüßen.

Ich zuckte zusammen.

Er hatte ein Bein übergeschlagen, die Hände um sein Knie

gefaltet. »Weißt du, Niki«, sagte er und sah auf seinen rechten Schuh, den er etwas hin und her drehte, wie um zu prüfen, ob er auch schön sauber geputzt war. »Als ich klein war, hatte ich viele Geheimnisse. Ich liebte Geheimnisse. Oft dachte ich mir Geheimnisse aus, weil ich etwas haben wollte, das nur mir gehörte. Etwas, das den Erwachsenen verborgen war. Hier in meinem Kopf stand eine Schatztruhe, für die nur ich den Schlüssel hatte«, sagte mein Großvater und tippte sich an die Stirn. Dann sah er wieder auf den Schuh, der schwarz vor sich hin glänzte. »Weißt du, woher das Wort Geheimnis kommt?«

Ich schüttelte den Kopf.

Das Wort Heim stecke darin, sagte er, denn das, was im trauten Heim oder zu Hause geschehe, sei für die Außenwelt geheim. Das Heim sei der Ort, wo wir uns ganz geborgen fühlten, also seien wir in unseren Geheimnissen daheim.

Ich dachte an das Schiff im Bienenhäuschen, das ein Geheimnis war, doch im nächsten Moment hatte ich den Verdacht, dass mein Großvater zwar über Geheimnisse sprach, aber in seiner Rede noch etwas anderes, etwas Wesentlicheres verborgen war. Wie in einem Überraschungsei oder in den Gleichnissen Jesu.

Mein Großvater sagte, man müsse jedoch unterscheiden zwischen Geheimnis und Lüge, was manchmal nicht leicht sei. Die Lüge laste einem schwer auf dem Gewissen, und eine Lüge ziehe die nächste Lüge nach sich, und diese wieder eine andere und so fort. Der Böse werde gefangen in seinen eigenen falschen Worten. So stehe es in der Bibel. *»Das gestohlene Brot schmeckt dem Manne gut, aber am Ende hat er den Mund voller Kieselsteine«*, sagte mein Großvater.

Ich bewegte den lauwarmen Kamillentee in meinem Mund.

»An der Wand über deinem Schreibtisch«, fuhr er fort und deutete auf den Tropenhelm, »hängt das Erbstück deines Urgroßvaters, Niki. Ich habe den Helm von meinem Vater bekommen, der ihn von seinem Vater bekommen hat. Ich war sehr stolz auf den Helm. Aber immer, wenn ich Unsinn gemacht oder gelogen habe, war er fort. Und erst, wenn ich mich gebessert hatte, bekam ich ihn wieder. So lernte ich, an mir zu arbeiten. Denn niemandem fliegt die Tugend zu, Niki, wir müssen dafür hart arbeiten. Das unterscheidet uns vom Tier: dass es die Lüge nicht kennt. Wir Menschen aber können unterscheiden zwischen Wahr und Falsch, Gut und Böse, und wir müssen uns entscheiden, jeden Tag. Müssen entscheiden, ob wir so leben wollen, dass unser Handeln eine allgemeingültige Regel werden könnte. Das hat ein kluger Mann, ein Philosoph namens Immanuel Kant, vor langer Zeit den kategorischen Imperativ genannt. Man könnte auch sagen: Was du nicht willst, das man dir tut ...« Mein Großvater hielt inne, die Augenbrauen etwas erhoben, und wartete, dass ich den Satz zu Ende sprach.

»... das füg auch keinem andern zu«, sagte ich leise, während Kamillentee aus meinem Mund herauslief.

»Richtig«, sagte er. »Wir können jederzeit mit dem Lügen aufhören. Es ist nie zu spät dafür, Nikolas. Wenn du mir etwas anvertrauen willst, hier bin ich.«

Tränen stiegen mir in die Augen. Ich wandte mich ab und wartete, dass er den Tropenhelm des Urgroßvaters von der Wand nehmen würde, den ich so gerne losgeworden wäre, aber er nahm mir den Tropenhelm nicht ab. Er stand auf und ging zur Tür, traurig und etwas gebeugt, und ich war davon überzeugt, dass er nie mehr wiederkommen würde.

»Ich war es nicht, der Aerophonautiker ist es gewesen«, sagte ich schnell und weinte so sehr, dass ich kaum verstehen konnte, was mein Großvater, der sich wieder an mein Bett gesetzt hatte, sagte. Ich verstand nur ungefähr jedes dritte Wort – Ehrlichkeit, Aufrichtigkeit, du hast es selbst in der Hand, verantwortlich, Nikolas, in dieser Familie, deine Lehrerin Frau Zipf –, und immer mehr Tränen strömten aus mir heraus, weil ich meinen Großvater getäuscht und enttäuscht hatte. Aber mein Großvater schüttelte ein Taschentuch auf und reichte es mir, und dann strich er mir übers Haar, eine Berührung, die ich noch lange auf meinem Kopf spürte wie eine warme Mütze.

Kaum war er gegangen, empfing ich meinen Vater zur Audienz. Tür auf, Vater rein. Er blieb in der Mitte des Zimmers stehen, als hätte er etwas Angst vor dem großen Aerophonautiker und Herrscher, der in seinem Bett thronte. Ich winkte ihn zu mir heran, aber er sagte nur:

»Du bringst das Gerät morgen zurück. Du gehst etwas früher als sonst zur Schule und bringst es der Frau Zipf ins Lehrerzimmer und entschuldigst dich, Nikolas!«

Ich senkte meinen Kopf und flüsterte, ich sei doch krank und dürfe noch nicht in die Schule wegen der bakteriellen Pneumonie.

Mein Vater rückte seine Brille zurecht. Wahrscheinlich hatte er ganz vergessen, dass ich krank war. Er wippte auf den Fußspitzen, Hände in den Taschen. Ich konnte mich nicht erinnern, wann er zum letzten Mal in meinem Zimmer gewesen war. Er schien sich hier auch unwohl zu fühlen und schaute sich erstaunt und befremdet um.

»Ja, richtig«, sagte er. »Du musst dich natürlich erst auskurieren. Sobald du wieder aufstehen kannst, gehst du zur Frau Zipf und bringst ihr das Gerät zurück und entschuldigst dich, Nikolas.«

Ich nahm an, dass er den Hund meinte, der unter meinem Bett saß. Niemand schien bei der ganzen Diskussion je an den armen Wum zu denken, der vielleicht lieber bei mir oder Katharina sitzen wollte als bei Frau Zipf, aber gut.

»Bis dahin bleibst du in deinem Zimmer, um dir über dein Verhalten Gedanken zu machen«, sagte mein Vater, was mich verwunderte, da ich wegen der Lungenentzündung ja ohnehin in meinem Zimmer bleiben musste. Aber eine geeignetere Strafe fiel ihm offenbar so schnell nicht ein, denn er hatte noch einen anderen Termin, schüttelte das Handgelenk und sah auf die Uhr.

Als ich wieder allein war, stand ich auf, öffnete die Balkontür und trat im Schlafanzug hinaus, denn solange ich krank blieb, musste ich den Hund nicht zurückbringen. Vielleicht würde ich sogar sterben, dachte ich und zitterte vor Kälte. Dann könnte meine Mutter den Hund zu meiner Beerdigung mitnehmen und ihn bei der Gelegenheit Frau Zipf zurückgeben, die vielleicht ein schlechtes Gewissen haben würde, weil sie sich so angestellt hatte wegen einer Nichtigkeit. Vielleicht würde sie zu meiner Mutter sagen: Behalten Sie ihn, als Andenken an Niki, und Katharina würde ein kleiner roter Fleck mit einer gelben Mütze irgendwo auf dem Friedhof sein und sich furchtbare Vorwürfe machen. Es war ja ihre Schuld, sie hatte mich ins Grab gebracht, und nun wünschte sie, sie könnte die Zeit zurückdrehen, um noch einmal bei einer meiner Theaterproduktionen mitzuwirken oder mit dem großen Aerophonautiker über die Ozeane zu segeln, dachte ich und kehrte schnell ins Zimmer zurück, weil Sanftleben über die Wiese ging.

Obwohl ich mich von da an täglich, wenn ich unbeobachtet war, auf den Balkon stellte und fror, verstarb ich nicht. Die Genesung zog sich jedoch ungewöhnlich lange hin, wie Dr. Klinger fand, bis nach Weihnachten, und es wurde erwogen, mich in die Klinik einzuweisen, woraufhin ich mich nicht mehr im Schlafanzug auf den Balkon stellte und gesund wurde.

Da Frau Zipf in der Nachbargemeinde E. wohnte, erklärte sich meine Mutter bereit, mich mit dem Auto hinzufahren. Während wir den nebligen Reichswald durchquerten, hielt ich den Hund auf meinem Schoß, in einer Jutetasche, in der sich außerdem eine Tüte mit Plätzchen befand, an die meine Mutter einen Tannenwedel gebunden hatte. Zwar hatte ich mich dagegen gesträubt, die Weihnachtsplätzchen, die bei uns keiner mehr essen wollte, mitzunehmen, aber meine Mutter hatte darauf bestanden. Dann hatte ich noch ein Bild für Frau Zipf malen müssen.

Das gelbe Ortsschild von E. leuchtete auf, als wir uns näherten. Das Geräusch des Blinkers, tick tack tick tack, wie das einer unerbittlichen Uhr. Gleich würde mich Frau Zipf in den Bleistiftanspitzer stecken und umdrehen, immer weiter, tick tack tick tack, und ich würde dünner und kleiner und immer kleiner werden, bis nur ein Häufchen Staub von mir übrig wäre.

Meine Mutter hielt vor einem Haus, das hinter einer Thujahecke halb verborgen war. Ich blieb sitzen und bewegte mich nicht, aber meine Mutter beugte sich über mich und öffnete mir die Tür. Ich roch ihr Parfum, wäre am liebsten in ihren Mantel hineingeschlüpft, aber sie sagte, ich solle bitte aussteigen, sie fahre in der Zwischenzeit ins Gewerbegebiet zum Baumarkt, sie hole mich später wieder ab.

Das niedrige Gartentor der Frau Zipf war nur angelehnt, als erwartete sie mich schon. Vor der Haustür stand eine Blumenschale mit Tannenzweigen und einem goldenen Engel, der in eine Trompete blies. Auf dem Klingelschild las ich: Helga Zipf. Ich war verwirrt, denn ich hatte gar nicht gewusst, dass Frau Zipf auch einen Vornamen hatte, genauso wenig wie ich gewusst hatte, dass sie in einem Haus wohnte – in meiner Vorstellung hatte sie in unserem Klassenzimmer gewohnt, wo sie, sobald wir es verließen, reglos wurde und erst am nächsten Morgen, pünktlich zum Unterrichtsbeginn, wieder zum Leben erwachte. Ich drückte auf die Klingel, die laut schrillte.

Schritte, offenbar auf einer Treppe, dann öffnete sich die Tür, und Helga Zipfs Gesicht erschien wie ein bleicher Mond. Sie trug ein Handtuch um den Kopf gewickelt, vielleicht hatte sie sich die Haare gewaschen.

»Nikolas«, sagte sie und schaute erstaunt, aber insgeheim hatte ich den Verdacht, dass sie mich erwartet hatte und ihr Erstaunen und ihr Turban nur eine Maske waren. Offenbar war alles ein abgekartetes Spiel, das hinter meinem Rücken inszeniert worden war, ein Spiel, in dem ich die Hauptrolle hatte, ohne es zu wissen.

Sie bat mich herein. Der Flur war ganz mit Grastapete ausgekleidet. Wir gingen ins Wohnzimmer und setzten uns an einen ovalen Tisch, in dem man sich spiegelte. Auf dem Tisch stand ein Trockengesteck, graues, verkrümmtes Gestrüpp, das mich an einen Wald erinnerte.

Ob ich einen Tee wolle, fragte Frau Zipf.

Nach mehreren Wochen Lungenentzündung und Kamillentee wollte ich alles, nur keinen Tee. Aber ich nickte.

Eine weiße Katze, die aussah wie ein Schneehaufen, hockte auf dem Sofa und putzte sich. Sie nahm keine Notiz von mir, während ich am Tisch saß und wartete. Ich hörte Klappergeräusche aus der Küche und überlegte, ob ich die Jutetasche nicht einfach auf dem Tisch liegen lassen und wieder gehen könnte. Ich könnte einen Zettel danebenlegen, auf dem geschrieben stand, ich hätte leider noch einen anderen Termin, aber da erschien Frau Zipf schon mit einer Teekanne und einem Teller voller Plätzchen.

Sie schenkte uns Tee ein. Schweigend saßen wir auf unseren Stühlen, während die einzigen Geräusche im Zimmer das Schnurren der Katze und das Ticken einer Uhr waren, die auf einer Vitrine stand. Ich schlug ein Bein über und sagte, der Tee schmecke ganz hervorragend, ich hätte gern gelegentlich das Rezept.

Frau Zipf lächelte. Sie lächelte, als würde sie etwas an mir lustig finden. Es sei Früchtetee, sagte sie und reichte mir den Teller mit den Weihnachtsplätzchen.

Ich nahm ein Butterplätzchen, das mit bunten Zuckerstreuseln verziert war, und meine Kehle wurde eng, als hätte jemand einen Knoten in meinen Hals gemacht. Das Plätzchen war staubtrocken, aber bestimmt war Frau Zipf froh, wenn sie die Weihnachtsplätzchen endlich loswurde, weshalb ich eines nach dem anderen aufaß. Sie schmeckten wie gemahlene Kieselsteine.

»So, Nikolas«, sagte Frau Zipf, die eine Weile betrachtet hatte, wie ich gewissenhaft die Plätzchen aß. »Was ist denn eigentlich der Grund für deinen Besuch?«

»Ich muss jetzt gehen«, murmelte ich kauend und schüttelte den Ärmel meines Pullovers zurück, um einen Blick auf die Uhr zu werfen. »Ich habe leider noch einen anderen Termin.«

Ob ich ihr denn nicht etwas sagen wolle, fragte Frau Zipf, die wie ich aufgestanden war.

Der Vorhang neben der Heizung schien sich zu bewegen, und ich war davon überzeugt, dass meine Mutter dahinter stand und alles überwachte. Heimlich ließ ich die Jutetasche unter den Tisch gleiten, dann lief ich schnell hinaus, während Frau Zipf mir meine Jacke hinterhertrug.

Das Auto meiner Mutter war nirgends zu sehen. Die Lichter der Straßenlaternen spiegelten sich auf dem Asphalt, der etwas glitzerte. Weil ich befürchtete, Frau Zipf könnte mich aus einem der hell erleuchteten Fenster beobachten, ging ich die Thujahecke entlang und blieb zwei Querstraßen weiter stehen. Ich sah wieder auf meine Armbanduhr. Es war fünf, demnach waren nur etwa zwanzig Minuten vergangen, oder waren es Tage, die ich im Wohnzimmer der Frau Zipf verbracht hatte? Ich hielt die Uhr an mein Ohr, sie tickte.

Ich wartete.

Meine Mutter kam nicht. Weihnachtsbäume leuchteten immer noch hinter Gartenzäunen, manche blinkten. Überall helle Fenster, und trotzdem schienen die Häuser verlassen zu sein, als handelte es sich um Theaterkulissen, die man vor die Dunkelheit geschoben hatte, damit ich keinen Verdacht schöpfte.

Ich wartete.

Nie zuvor hatte ich so gewartet. Auch später habe ich kaum je wieder so gewartet wie an jenem Abend in E., als das Warten jede Faser von mir beschäftigte, jede Zelle meines kleinen Körpers. Viele Stunden wartete ich, auch wenn die Zeiger meiner Uhr etwas anderes behaupteten. Ich traute der Uhr nicht. Als ich endlich von fern das Geräusch eines Autos hörte, ein leises Rauschen zuerst, das lauter wurde und sich vom Tal her näherte, klopfte mein Herz, und ich wäre fast auf die Straße gelaufen vor Freude, doch es war ein gelber Lieferwagen, der langsam an mir vorbeifuhr.

Wahrscheinlich hat sie mich vergessen, dachte ich. Ich überlegte, zu Frau Zipf zurückzugehen, aber das kam mir abwegig vor. Also blieb ich am Straßenrand stehen. Jetzt war es wieder ganz still. Die Stille reichte bis zu den Sternen. Die Sterne funkelten so kalt. Ich sah den weißen Streifen der Milchstraße, das Sternbild Orion mit dem Gürtel und Schwert des Jägers, der schief über den Himmel taumelte, als wäre er besoffen. Orion hatte gleich drei Väter, die angeblich ihren Samen in einem Beutel zusammengemixt hatten, Zeus, Poseidon und noch jemand, dessen Namen ich vergessen hatte. Orion konnte übers Wasser gehen wie Poseidon, Jesus und der heilige Sebald.

Ich wunderte mich, dass ich hier, in dem fremden Dorf, das mir Lichtjahre von zu Hause entfernt zu sein schien, die Sternbilder erkannte, die mein Großvater mir gezeigt hatte. Orion hatte wohl irgendwelche Meinungsverschiedenheiten mit dem Weingott Dionysos gehabt, wegen einer Frau oder Tochter, weshalb ihn der Gott betrunken gemacht und ihm die Augen ausgestochen hatte, was mich wiederum an den armen Ödipus erinnerte, den sie als Baby in die Berge getragen und allein gelassen hatten, und in diesem Augenblick wusste ich es: Meine Mutter würde nicht mehr kommen.

Meiner Armbanduhr zufolge war eine Stunde vergangen, seit meine Mutter mich bei Frau Zipf abgesetzt hatte. Unmöglich konnte sie so lange in einem Baumarkt sein, zumal es sich nicht um eine gewöhnliche Stunde handelte, sondern um eine, die sich ausdehnte wie das Quecksilber in einem Fieberthermometer. Also beschloss ich, zu Fuß nach Hause zu gehen, die Straße runter, vorbei an den Schildern der Wirtshäuser – Zum schwarzen Bären, Zum goldenen Löwen, Dreilinden –, dann den Berg wieder rauf durch das Neubaugebiet und über den Hügelkamm. Die Welt erschien mir groß und unübersichtlich, aber Orion hielt eine Lampe in der Hand und leuchtete mir den Weg. Die Morgendämmerung Eos hatte ihn wieder sehend gemacht, erinnerte ich mich, und mit geweiteten Augen ging ich über den furchigen, gefrorenen Feldweg, der knochenbleich im Sternenlicht lag. Ich wäre nach meinem Tod auch gern ein Sternbild am Himmel, dachte ich, aber das war eher unwahrscheinlich, denn ich hatte nicht drei Väter, sondern einen, der mir allerdings auch schon reichte. Und der mir jetzt fehlte.

Ich musste weinen. Womöglich hatte er noch gar nicht festgestellt, dass meine Mutter mich ausgesetzt hatte. Es würde vermutlich eine Zeit lang dauern, bis er es bemerkte, und dann wäre es zu spät, weil ich bereits ein Sternbild wäre. Andererseits schien der Himmel schon relativ voll zu sein, dachte ich und betrachtete das Gewimmel dort oben. Es sei alles aufs Genauste geordnet am Himmel, hatte mein Großvater mir mal erklärt. Wahrscheinlich würde er es als Erster merken, dass ich fehlte, und würde in einer klaren Winternacht den Himmel anschauen und das neue Sternbild entdecken, das besonders hell und schön leuchtete, und in seinen Augen würden Tränen glitzern.

Ich lief den Hügel runter. Links und rechts vom Feldweg standen Büsche und Bäume, Apfel- und Zwetschgenbäume vor allem. Im Herbst war ich hier mit meinem Großvater und Jackie gegangen, und wir hatten Zwetschgen und die kleinen gelben Mirabellen gepflückt, die er Bibberle nannte. Jetzt standen die Winterbäume wie tot am Wegesrand. Unten im Tal war der Reichswald ein großer Schatten, von der Dunkelheit kaum zu unterscheiden.

Ich wusste, dass ich den Schatten durchqueren musste, um nach Gründlach zu gelangen. Immer schneller lief ich den Hügel hinunter, zwischen Feldern, die sich bis in den Himmel erstreckten. Ich sah, dass auf einem der kahlen Äcker etwas Schwarzes kauerte. Neben mir knackte es im Gehölz, ein Rascheln. Über mir ein Schlagen und Flattern wie von gewaltigen Flügeln, doch ich sah nur eine Krähe hoch oben und den gestirnten Himmel, der mir viel größer erschien als am Tag. Auf den Feldern leuchteten Flecken von Schnee, als schwebten sie in der Finsternis. Alles schien zu schweben, die ganze Erdkugel schwebte. Wenn es wenigstens still wäre, dachte ich, wie es in dem Dorf still gewesen war, weil alle Menschen in ihren Häusern vor den Fernsehern saßen. Hier in der Natur umgab mich millionenfaches Rascheln und Flattern und Knacken, Geräusche, die wie stachlige Kugeln aus den Gebüschen rollten und glühende Augen hatten, Krallen und Hörner auf den Köpfen.

Im Tal lösten sich die Bäume des Reichswaldes aus der Dunkelheit und streckten mir ihre Arme entgegen. Es roch nach Tannennadeln, Feuchtigkeit und Moos. Graues Gestrüpp, das mich an das Trockengesteck auf dem Wohnzimmertisch der Frau Zipf erinnerte. Ich ging durch das Trockengesteck, ein winziger Zwerg, der erst jetzt erkannte, dass die Welt das Wohnzimmer der Frau Zipf war, die ihr mondiges Gesicht über ihn beugte.

Ich dachte an meine Mutter. Wenn sie mich jetzt vermisst?

Wenn sie es bereut, dass sie mich ausgesetzt hat? Und mich nun vergeblich sucht in der riesigen Welt? Vielleicht hatte ja auch die Mutter von diesem Ödipus bereut, dass sie ihr Kind ausgesetzt hatte, und sie hatte ihn im Gebirge gesucht und nicht gefunden und bitterlich geweint. Später hatte sie ihn dann aus Versehen geheiratet, was ich mir überhaupt nicht vorstellen konnte. Mit meiner Mutter verheiratet zu sein. Keine Ahnung, was wir mit meinem Vater machen würden, wahrscheinlich würde er es gar nicht bemerken und sich auf einen anderen Sessel setzen und dort weiterschlafen, während meine Mutter und Gemahlin ihren Gästen auf dem Klavier vorspielte, bis ich zu ihm sagen würde: *So*, kleiner Mann, du gehst jetzt sofort ins Bett, Ende der Diskussion, Hans-Christian!

Auch der Wald war erfüllt von nie gehörten, unheimlichsten Geräuschen, sodass ich mir die Ohren zuhielt und zu singen begann, ein Lied, das mir der Großvater beigebracht hatte:

Es schaukeln die Winde
das Nest in der Linde
da schließen sich schnell
die Äugelein hell

Vor mir gabelte sich der im Sternenlicht schimmernde Weg, und ich wusste nicht, in welche Richtung ich gehen musste. Da sah ich zwei Lichter im Dickicht, ein Zeichen, dachte ich und schlug den rechten Weg ein. Vielleicht die Augen einer Sphinx, dachte der König und Aerophonautiker. Nein, die Scheinwerfer zweier Motorräder, die genau auf gleicher Höhe, wie gespiegelt, nebeneinanderher fahren und sich nähern. Er ging weiter, um durch sie hindurchzugehen, die Hände an den Ohren, laut singend. Die beiden Lichter blendeten ihn, sodass er die Augen schloss und, ohne etwas zu sehen, weiterging und sang:

Denn der darf nicht singen
am Morgen nicht springen
der während der Nacht
herumtollt und lacht

Ein Quietschen und Rumsen. Aber ich spürte nichts, nur einen dumpfen Aufprall. Dann herrschte endlich Stille, weil das Lied zu Ende war und der Aerophonautiker aus mir hervortrat und meinen auf dem Boden liegenden Körper betrachtete. Wie die Frau in der Lenor-Werbung, die aus der Hausfrau hervortrat und ihr Ratschläge gab, so trat der Aerophonautiker aus meinem Körper hervor, neigte sich liebevoll zu mir herunter und sagte etwas, das ich nicht verstand.

Das Erste, das ich in dem weißen Zimmer wahrnahm, war ein Geheimzeichen, das sich an der Wand bewegte. Es schien mir etwas mitteilen zu wollen, es wellte und krümmte sich wie ein Wurm oder eine Schlange mit zwei Armen. Nach und nach löste sich das Zeichen aus der milchigen Umgebung, es wurde klarer und erstarrte: ein Kruzifix. Dann erst sah ich den riesigen Verband, einen Gips, der unter meiner Bettdecke hervorragte. Ich hörte leise Stimmen. Gestalten saßen auf Stühlen und machten merkwürdige Gesichter. Sie saßen um mich herum, als wäre ich ein König, dem sie huldigten. Ein sterbender König, an dessen Sterbebett sie sich versammelten. Offenbar hatten sie ein schlechtes Gewissen mir gegenüber.

Es stellte sich nämlich heraus, dass meine Mutter mich nicht hatte aussetzen wollen, sondern im Baumarkt mehrere Bekannte getroffen hatte und aufgehalten worden war. Sie hielt meine Hand, in der eine Kanüle steckte, und ich beobachtete, wie eine wässrige Flüssigkeit durch einen durchsichtigen Schlauch in mich reintropfte, während aus dem Gipsbein eine rote Flüssigkeit durch einen anderen durchsichtigen Schlauch in einen Beutel tropfte. Die Flüssigkeit kam also wässrig oben in meinen Körper rein und rot unten wieder raus, was mich erstaunte. Meine Mutter hatte Tränen in den Augen, aber ich vergab ihr. »Weine nicht«, tröstete ich sie.

Auch Frau Zipf schien sich Vorwürfe zu machen, weshalb sie, als sie mich einige Tage später im Krankenhaus besuchte und ich schon dachte, jetzt fängt sie gleich wieder mit dem Anspitzer an, kein Wort über den Anspitzer verlor. Er geriet in Vergessenheit, die ich mir vorstellte wie einen langen, düsteren Raum, in dem ganz hinten, verdeckt von überfüllten Regalen und Kisten, ganz klein der Hund hockte und kaum zu sehen war.

Mein Krankenhaus-Aufenthalt wurde die bis dahin großartigste Zeit in meinem Leben. Katharina besuchte mich auch und legte ein Päckchen mit Yps-Heften und Süßigkeiten auf mein Bett. Ich hielt fast den ganzen Tag über Audienzen ab, und sobald der Besuch das Gespräch auf blöde Themen lenkte, auf den Hund oder auf Lügen oder auf nächtliches Spazieren im Wald, brauchte ich nur den Handrücken über meine Augen zu legen und zu flüstern, ich sei erschöpft, worauf sie sofort verstummten oder mir etwas vorlasen. Sogar meine Mutter hatte auf einmal Zeit, mir vorzulesen, im Krankenhaus gab es ja kein Klavier.

Als sie kamen, um mich abzuholen, versteckte ich mich im Schwesternzimmer hinter einem Schrank und hörte, wie sie mit quietschenden Schritten draußen auf dem Flur herumliefen und mich suchten und immer aufgeregter sprachen, weil sie dachten, ich wäre schon wieder in den Wald gelaufen. Aber sie fanden mich und nahmen mich mit nach Hause.

9

»Ist dir die Dachkammer nicht zu ungemütlich?«, fragte meine Mutter beim Frühstück.

Ich sah sie erstaunt an.

»Seit Jahren hat sich dort niemand mehr aufgehalten. Du könntest doch auch in eins der Gästezimmer gehen.«

»Kein Problem, Mama, ich fühle mich sehr wohl in der Dachkammer.«

»Wirklich? Geht es dir gut?«

»Klar«, sagte ich und legte die Zeitung neben meinen Teller.

»Schön.« Meine Mutter sah knapp an mir vorbei.

»Keine Angst«, sagte ich, »ich fahre bald. Ich muss nur noch eine Kleinigkeit erledigen.«

»Du kannst selbstverständlich so lange bleiben, wie du möchtest, Niki.«

»Echt?«

»Natürlich.«

»Dann bleibe ich für immer!«

Meine Mutter zuckte zusammen, als hätte jemand die Tür zugeworfen, aber sie lächelte. Vielleicht hielt sie es für einen meiner Scherze. »Was musst du denn erledigen?« Sie rührte mit einem Löffelchen im Tee.

»Wenn ich das wüsste«, sagte ich.

Mein Vater saß in seiner Fensternische und las die andere Hälfte der *Süddeutschen*, die wir uns, seit ich hier war, jeden Morgen teilten. Nur das Knistern der Zeitung drang zum Tisch herüber und bildete mit dem klingelnden Teetassenmotiv meiner Mutter eine wunderliche Sinfonie. Ich begann, ebenfalls in der Tasse zu rühren, indem ich einen gegenläufigen Rhythmus versuchte, aber ich war ja leider so unmusikalisch. »Unser älterer Sohn ist leider nicht besonders musikalisch«, war früher hinter vorgehaltener Hand gesagt worden. Jetzt merkte meine Mutter gar nicht, dass ich mit ihr musizierte, sondern sah wie abwesend in den Garten.

»Ich habe festgestellt, dass dieses Haus ungeheuer inspirierend ist, wenn du weißt, was ich meine.«

»Ach ja? Woran arbeitest du denn, wenn man fragen darf?« Sie hörte auf, in der Tasse zu rühren, und legte den Löffel auf ihr Tellerchen.

Mein Vater knisterte ein bisschen lauter mit der Zeitung, als wollte er auf sich aufmerksam machen.

»Wenn ich das wüsste«, wiederholte ich. »Vielleicht kannst du es mir sagen, Mama?«

»Wie soll ich wissen, woran du arbeitest?« Sie lachte.

»Ja, wie solltest du das wissen. Heute Nacht habe ich von einem dunklen Wald geträumt. Die vielen Bäume waren aber aus Nebel, man konnte durch sie durchgehen, und dann wurde der Nebel dichter und füllte auch die Zwischenräume aus. Alles war Nebel, und ich lief und lief, weil ich von irgendwo deine Stimme hörte, und dann sah ich dich. Auf deinem Kopf saß eine Krähe, aber du warst auch aus Nebel. Komisch, nicht?«

»In der Tat«, sagte sie. »Vielleicht solltest du mal mit Professor Sander darüber reden.«

»Wer war noch Professor Sander?«, fragte ich.

»Erinnerst du dich nicht an Professor Sander?«

»Nein, doch.«

»Professor Sander, der Psychiater«, sagte meine Mutter. »Er musiziert manchmal mit uns, er ist Bratschist.«

»Ja«, sagte ich und überhörte die Ironie in ihrer Stimme, »ich erinnere mich.« Und eine kleine Gestalt tauchte in meinem Gedächtnis auf, huschte aus dem Dunkel des Vergessens wie eine Wanze aus dichtem Blattwerk hervor.

»Könntest du bitte aufhören, in deiner Tasse zu rühren, Nikolas. Das Geräusch macht einen ja ganz verrückt!«, rief meine Mutter unvermittelt.

»Klar«, sagte ich.

Wir schwiegen. Stille. Nur mein Vater knisterte in seiner Ecke, wodurch die Stille feine Risse bekam. Wie eine Eierschale, aus der ein Monster schlüpfen will.

»Wie geht es Ele?«, fragte meine Mutter.

»Gut, nehme ich an«, sagte ich. »Ich glaube, sie hat einen Liebhaber.«

Ich hatte Ele in der Nacht angerufen. Es war spät gewesen, vielleicht zu spät, gegen eins. Ich hatte unsere Nummer gewählt, und Ele war nach dem siebten Klingeln ans Telefon gegangen – genau in dem Augenblick, als mir die Unmöglichkeit meines Tuns aufgefallen war und ich schon auflegen wollte, hatte sie sich gemeldet, mit verschlafener Stimme, müde und gleichzeitig beunruhigt, und ich hatte mich gefragt, ob sie wirklich schon geschlafen hatte oder ob die Müdigkeit in ihrer Stimme einen Vorwurf ausdrücken sollte, weil ich sie so spät störte.

»Nikolas?«

Ich wusste nicht, was ich sagen sollte, und schwieg.

»Nikolas?«, sagte sie noch einmal.

Ich hörte ihr Atmen und stellte mir vor, dass sie auch mein Atmen hörte. Dann sagte ich: »Hallo, Ele. Schön, dass ich dich erreiche!«

»Nikolas, was ist los?«

»Nichts Besonderes. Ich dachte, ich rufe mal an. Ich werde noch ein Weilchen hierbleiben, das wollte ich dir mitteilen. Ich habe noch ein paar Dinge zu erledigen.«

»Wo bist du denn überhaupt?«, fragte sie mit einer Stimme, als wäre noch jemand anders in der Wohnung, den sie nicht wecken wollte.

»Zu Hause«, sagte ich, und in diesem Moment fiel mir erst auf, dass ich kein Zuhause mehr hatte.

»Du bist immer noch bei deinen Eltern?«

»Wieso denn nicht?«

Ich meinte zu hören, wie sie den Kopf schüttelte.

»Alles gut«, sagte sie. »Das ist ja deine Sache.«

Wieder hörte ich ihr Atmen. Ich stellte mir vor, wie sie den Kopf an meine Schulter legt.

»Was musst du denn erledigen?«

»Gespräche beim BR in München«, sagte ich. »Sie sind an der Serie interessiert und wollen ein paar Dinge mit mir direkt klären.«

»Das ist ja toll!«, sagte Ele.

»Supertoll, ja.«

Ele schwieg. Ich stellte mir vor, wie ich die ganze Nacht mit ihr so dasitzen würde, schweigend, ihr Atmen in meinem Ohr.

»Das wird eine ganz große Sache«, sagte ich, damit sie sich freute.

»Freut mich wirklich sehr für dich, Niki.«

Wieder Atmen. Schweigen. Es schien uns über Hunderte von Kilometern zu verbinden, bis ich ein Geräusch hörte, ein Klirren oder Klappern von Geschirr. Ich meinte zu hören, wie jemand nah an sie herantrat und ihr etwas ins Ohr flüsterte, ins andere Ohr, sie vielleicht aufs Haar küsste, während sie ihm Zeichen mit den Augen machte, das Telefon mit der Hand abschirmte, die Augen verdrehte.

»Dann will ich nicht weiter stören«, sagte ich.

»Wir können ja ein andermal sprechen.« Sie gähnte.

Was wirklich übertrieben war, dachte ich, aber sie konnte schließlich gähnen, so viel sie wollte. Und sie konnte ins Bett gehen, mit wem sie wollte. In unser Bett!

»Dann mach es gut, Ele.«

»Du auch. Grüß deine Eltern von mir.«

»Hätte ich beinahe vergessen. Ich soll euch grüßen«, sagte ich zu meiner Mutter. Wie der Liebhaber wohl aussieht, dachte ich. Mit wem würdest du die Rolle besetzen, welcher Schauspieler würde dafür passen? Anders als ich müsste er sein, das Gegenteil von mir, dunkelhaarig, groß, breitschultrig, etwas behäbig.

»Danke«, sagte meine Mutter.

Draußen schob Ivona den Rollstuhl an der Scheibe vorüber wie einen Kinderwagen. Ein uraltes flaumhaariges Kind saß darin, das niemandem etwas zuleide tun konnte. In welchem Alter werden die Menschen böse, dachte ich, und wann hören sie wieder damit auf? Vielleicht muss ich einmal mit Professor Sander darüber reden.

Meine Mutter räusperte sich, als wollte sie eine Ansprache halten. Ich schaute sie an und wartete darauf, dass sie aufstand und ihren Löffel gegen ein Glas schlug, aber sie blieb sitzen und sah mich an. Dann sah sie aus dem Fenster auf den geparkten Großvater. Ich wunderte mich, dass sie an diesem Morgen so lange beim Frühstück sitzen blieb und offenbar nichts zu tun hatte.

»Hast du eigentlich vor, dich mit Katharina zu treffen?«, fragte sie.

»Vielleicht«, sagte ich.

»Wir könnten sie mal einladen«, schlug sie vor.

Mein Vater stand auf und legte mir seinen Teil der Zeitung auf den Tisch, blieb einige Sekunden vor mir stehen, Hände in den Taschen, als ob er etwas sagen wollte, das ihm entfallen war. Dann drehte er sich um und schlenderte leise pfeifend davon, während wir ihm nachblickten, und ich spürte die Einsamkeit meiner Mutter wie etwas Stoffliches, einen Vorhang, der sich sacht im Wind hebt, als auch sie aufstand und eilig aus dem Zimmer ging.

Ich trat auf die Terrasse. Mein Großvater saß in der Sonne, um seine Beine war eine karierte Wolldecke gewickelt. Ich nahm mir einen Stuhl und setzte mich neben ihn. Ich hatte keine Ahnung, ob er mich bemerkte, während wir nebeneinander in den Garten hinuntersahen. Letzte Blütenflocken schwebten im Wind. Das Gras war grasgrün und etwas zu hoch. Ich hatte Sanftleben versprochen, es zu mähen, aber ich war noch nicht dazu gekommen.

Ich betrachtete die Hand meines Großvaters, die auf der Lehne des Rollstuhls lag, als hätte sie jemand anders dorthin gelegt. Vögel zwitscherten. Ich überlegte, ob ich mein Buch holen und etwas lesen sollte, aber da bewegte sich die Hand. Mein Großvater streckte den Zeigefinger in die Luft, sah mich an, hob die Augenbrauen, lächelte geheimnisvoll und reckte sein Ohr ein wenig vor, offenbar um zu horchen. Wie früher, wenn er mir die Vogelstimmen erklärt hatte.

»Eine Mönchsgrasmücke«, sagte ich.

Er ließ die Hand sinken und legte sie wieder auf die Lehne, bevor er erneut reglos in seinem Stuhl saß, als wäre ein Aufziehmechanismus abgelaufen.

»Weißt du«, sagte ich. »Mit diesen zwei Wörtern fangen Kinder ihre Erzählungen an. Weißt du, wie viel Sternlein stehen, weißtduwassoschweig.«

Mein Großvater sah lächelnd vor sich hin.

Ich begann zu summen, eines seiner Lieblingslieder. Keine Reaktion. Er hält uns alle zum Narren und spielt uns etwas vor, wie er uns sein ganzes Leben lang etwas vorgespielt hat, mein Großvater, der Zauberer mit dem Burgschauspielerlachen, der tönenden Stimme. Eigentlich bewundernswert, dachte ich.

»Das ist keine Mönchsgrasmücke«, sagte ich. »Das ist eine Amsel, Arschloch!«

Lächeln.

»Weißt du«, sagte ich, nachdem wir eine Zeit lang geschwiegen hatten, »wenn jemand schon weiß, was man ihm gleich erzählen möchte, braucht man es ihm doch gar nicht mehr zu erzählen, oder? Die Redewendung ist ein Paradox. Du hast mir mal erklärt, was ein Paradox ist. Kannst du dich erinnern, wie wir zusammen in St. Sebald gewesen sind? Wie wir mit dem Pfarrer Nachtigäller den Dachboden besichtigt haben, der aussah wie ein umgestürztes riesiges Schiff? Schiefe, steile, staubige Treppen, und dann standen wir auf dem Glockenturm und sahen über die Stadt, ein Dickicht aus Kirchtürmen, Wind, Krähen, du hast mir deine Hand gegeben, weil ich Angst hatte, der Turm könnte umfallen. Und danach hast du mir den Sarkophag des heiligen Sebald gezeigt, der von zweiundzwanzig Weinbergschnecken getragen wird. Vier Meerjungfrauen, die sogenannten Leuchterweiblein, sitzen an den Ecken des fast haushohen Kastens, und der Pfarrer Nachtigäller hat gesagt: ›Wir wissen so gut wie nichts über den heiligen Sebald, wir wissen nur, dass er möglicherweise im 8. Jahrhundert gelebt hat und dass er in der Nähe von Nürnberg gestorben ist, der Rest ist Legende.‹

Diesen Satz habe ich mir gemerkt: *Der Rest ist Legende*. Ein Protestant durch und durch, der Pfarrer Nachtigäller, der übrigens ein großer Fan meiner Mutter gewesen ist. Und ich war beunruhigt und habe dich gefragt, ob es etwa nicht stimme, was du mir erzählt hast über den großen Heiligen und Zauberer Sebald, der im Reichswald bei Nürnberg Feuer aus Eiszapfen entfachte und fliegen und übers Wasser gehen konnte wie über eine Glasscheibe. Ein dänischer Königssohn, der als junger Mann eine schöne Prinzessin geheiratet hatte und noch in der Hochzeitsnacht aufgewacht war und dachte: Oha, das Leben ist kurz, morgen schon sind wir eine Speise der Würmer, worauf er seiner Braut einen Zettel aufs Kopfkissen legte: Leb wohl, meine Schöne, nichts für ungut, und weg war er, um eine Karriere als Einsiedler und Wunder wirkender Heiliger in Oberitalien zu beginnen.

›Ist das alles nicht wahr?‹, habe ich dir ins Ohr geflüstert, als wir nebeneinander in St. Sebald saßen.

Und du hast gelächelt und gesagt: ›Wahr ist, was wir für wahr halten, Nikolas. Die Legenden sind uralt, viele Jahrhunderte alt, und sie beeinflussen das Leben der Menschen vielleicht mehr als das, was wir die Wirklichkeit nennen. Sollen sie also nicht wahr sein, nicht wirklich? Ist wirklich nicht, was wirkt?‹

Und du hast mir den Taufstein gezeigt, an dem ich und Albrecht Dürer getauft wurden, genau wie du und mein Vater und mein Urgroßvater und Ururgroßvater. So viele Urs, dachte ich, die ich an den Fingern abzählen musste, um sie nicht durcheinanderzubringen, wobei es auf eines mehr oder weniger nicht anzukommen schien. Damals war ich überzeugt, dass man die Silbe genauso schreibt wie *Uhr*, weil beides mit der Zeit zu tun hat, und ich stellte mir die vielen einzelnen Urs als Glieder einer Uhrkette vor, wie sie manchmal aus deiner Hosentasche heraushing.

Dann haben wir uns ins Chorgestühl gesetzt, auf unbequeme Bänke, viel zu aufrecht, aber ich hätte ewig so sitzen können neben dir, während du mir die Architektur der Kirche erklärt hast, die im Krieg, hast du gesagt, bis auf die Grundmauern zerstört und nach dem Krieg sofort wieder aufgebaut worden ist von den fleißigen Nürnbergern. Schon 1946 war der Dachstuhl fertig gewesen als ein Zeichen christlicher Hoffnung, denn das Leben geht weiter, was du heute kannst besorgen, ohne Fleiß kein Preis, tu es gleich.

›Also ist die Kirche gar nicht alt, sondern neu?‹, habe ich dich gefragt.

Du hast geschwiegen so wie jetzt, und dann hast du mir die Geschichte vom Schiff des Theseus erzählt. Erinnerst du dich?

Dass Theseus in einer Galeere mit dreißig Rudern über die Meere fuhr und seine Matrosen nach und nach immer mehr Bootsplanken ersetzen mussten, bis alle Teile des Schiffes neu gewesen sind? ›War es dann noch das Schiff des Theseus?‹, hast du mich gefragt, und ich wusste es nicht, habe darauf gewartet, dass du dir selber die Antwort gibst, aber diesmal wusstest auch du keine, oder die Antwort ist gewesen, dass es keine Antwort gibt. ›Ein Paradox‹, hast du gesagt. Und dann hast du gebetet, indem du lautlos die Lippen bewegt hast mit gesenktem Kopf, und ich habe es nachgemacht, während ich mir das Schiff des Theseus mit den dreißig Rudern vorgestellt habe, das sich unaufhörlich verändert und doch dasselbe bleibt. Immer wieder habe ich es mir vorgestellt, genau wie den Dachboden von St. Sebald, von dem ich nachts oft geträumt habe.

Schon erstaunlich, wie groß die Nacht ist, wenn man klein ist, Großvater, du hast sicher nicht geahnt, wie viel Angst ich hatte, oder doch? Du hast erzählt und erzählt und hast trotzdem die ganze Zeit geschwiegen, was auch ein Paradox ist. Vielleicht habe ich an dem Tag in St. Sebald nicht nur gelernt, was ein Paradox ist, sondern auch begriffen, dass man seinen Augen nicht trauen darf. St. Sebald und das ganze mittelalterliche Scheiß-Nürnberg, alles war nur eine täuschend echte Kulisse, die man vor die Wahrheit geschoben hatte. Und die Wahrheit war ein Trümmerfeld, eine endlose Ruinenwüste, und auch eure vielen Worte und Reden und Geschichten und Gleichnisse waren nichts als Kulissen, die ihr vor die Wahrheit geschoben habt.«

Mein Großvater lächelte.

»Weißt du«, fuhr ich fort, »seit einiger Zeit unterhalte ich mich gern mit einer vertrockneten Feuerwanze, die mir Johann geschenkt hat. Sie liegt oben in meinem Schreibtisch, in deinem Schreibtisch, besser gesagt, in einer alten Streichholzschachtel. Verrückt, oder? Hast du mir nicht mal erzählt, dass dein Vater mit Insekten gesprochen hat? Und jetzt rede ich mit dir wie mit einer toten Feuerwanze.«

Mein Großvater lächelte. Es schien ihn nicht zu stören, dass ich auf ihn einredete wie auf eine verstorbene Feuerwanze oder einen Psychoanalytiker. Aber er konnte ja auch nicht aufstehen und davongehen.

»Erinnerst du dich an Katharina?«, fragte ich. »Bestimmt erinnerst du dich an sie. Das Mädchen, das täglich gekommen ist, um auf Charlotte Steins Flügel zu spielen, die Enkelin des Hauser Schorsch? Meinst du, es wäre möglich, sich noch einmal in dieselbe Person zu verlieben, dreißig Jahre später, oder würde man sich vielmehr in die Erinnerung verlieben?«

Aus dem Augenwinkel sah ich Ivona, die aus einer der verglasten Verandatüren getreten war. Sie hatte die Hand über die Stirn gelegt und blickte zu uns herüber. Jetzt sah ich, dass sie keinen Schwesternkittel trug, sondern ein weißes, bis zum Hals zugeknöpftes Kleid.

»Ich hole Sonnencreme für Ihren Großvater, oder wir schieben ihn in den Schatten!«, rief sie.

Als sie wiederkam, hatte sie eine riesige gelbe Tube in der Hand, die sie mir entgegenstreckte.

»Möchten Sie?«

Ich zögerte, nahm die Tube, drückte etwas Creme auf die Fingerkuppen, näherte mich langsam dem Gesicht meines Großvaters, dessen Haut zarter war, als ich sie mir vorgestellt hatte, glatt und weich wie die eines Babys. Ich strich über seine Stirn. »Punkt, Punkt, Komma, Strich, und fertig ist das Mondgesicht«, flüsterte ich, während er mich ansah mit seinen wasserblauen Augen, die im Alter immer heller und durchsichtiger zu werden schienen. Er lächelte, aber nicht erschrocken, sondern erstaunt. Ich nahm noch etwas Creme aus der Tube, strich sie auf seine Wangen, als streichelte ich sein Gesicht, und merkte, wie mir die Tränen kamen. Schnell wandte ich mich ab, nahm ein Taschentuch aus meiner Hosentasche und wischte mir damit über das Gesicht, murmelte etwas von Heuschnupfen, aber Ivona war verschwunden.

Dafür stand meine Mutter hinter mir. »Was machst du da, Nikolas?«

»Ich creme ihn ein.«

»Das lässt du nächstens besser Ivona machen, sie wird schließlich dafür bezahlt.«

»Klar«, sagte ich.

»Er ist an sie gewöhnt. Wir sollten ihn nicht durcheinanderbringen, verstehst du?«

»Verstehe ich.«

»Wirklich, Nikolas?«

Ich stand auf und drückte ihr die Tube mit der Sonnencreme in die Hand. »Ich habe mich nur ein bisschen mit ihm unterhalten, Mama, nichts weiter.«

Ich spürte, dass sie mir nachblickte, während ich über die Wiese ging, um den Rasenmäher zu holen.